Lorenz von Westenrieder

Erdbeschreibung der bayrischpfälzischen Staaten

Lorenz von Westenrieder

Erdbeschreibung der bayrischpfälzischen Staaten

ISBN/EAN: 9783744636315

Hergestellt in Europa, USA, Kanada, Australien, Japan

Cover: Foto ©Andreas Hilbeck / pixelio.de

Weitere Bücher finden Sie auf **www.hansebooks.com**

Erdbeschreibung

der

baierisch-pfälzischen Staaten.

～～～～～～～

Zum Gebrauch
einer baierisch-pfälzischen Geschichte
für die

Jugend und das Volk

samt
einer Einleitung
in

die allgemeine Erdbeschreibung

vom

Professor Westenrieder.

———————

München, 1784.
bei Johann Baptist Strobl.

Vorerinnerung.

Ich habe diesem kleinen Werk keine andere Erinnerung mit zu geben, als die sich jeder kluge Lehrer, der die Lokalbedürfnisse, denen es bestimmt ist, kennet, im Voraus selbst machen wird. Um einigen Schülern die Kosten, welche ihnen ein weitläufiges Buch verursachen würde, andern aber eine beschwerliche, und unnützliche Mühe, welche sie auf die Erlernung, größtentheils entbehrlicher Dinge wenden müßten, zu ersparen, habe ich die Beschreibung von Amerika, Asien 2c. so kurz, als möglich, zusammgezogen, und

selbst

selbst von Europa, und endlich von den
deutschen Ländern nur das Wesentliche
berühret. Einem fleißigen Schüler wollte
ich rathen, sich zwischen zwey gedruckte
Blätter jederzeit ein weisses binden zu
lassen, um sich theils die Veränderungen,
welche sich im geographischen Fach unaufhörlich ergeben, theils andere wichtige
Dinge, welche seinem Gedächtniß zu stat-
ten kommen, anmerken zu können. Dieses nüzliche eigne Eintragen und Anmerken soll derselbe vorzüglich in Betref un-
sers Vaterlandes, und der mit uns gegenwärtig verbrüderten Länder beobach-
ten, wo es schändlich ist, unwissend zu
seyn. Was man sich durch diesen frey-
willigen Fleis selbst sammelt, gräbt sich
nicht nur getreuer in das Gedächtniß,
sondern wecket auch ein richtiges, gesun-
des

des Bemerken und Nachdenken auf nüz=
liche Sachen, und einen sorgfältigen Trieb
zur gründlichen Erlernung derselben zu
gelangen.

Die Stammreiche des wittelsbachi=
schen Hauses habe ich als eine kleine Vor=
übung zur Geschichte vorausgesezt. Es
ist nicht nöthig, daß man junge Leute
damit plage, dieselbe auswendig zu ler=
nen, sondern man ermuntere sie, öfters
die vollkommne Darstellung eines Stamm=
baums auf dem Papier zu versuchen, und
sich darinn bis zu einiger Fertigkeit zu
üben. Wenn sie sich damit nur einigemale
beschäftigen, so werden ihnen die Nämen
und Jahrzahlen bald geläufig werden,
und die Schwierigkeiten verschwinden,
welche die Schularbeit zu erschweren
pflegen.

Leztlich

Leztlich wiederhole ich den Wunsch,
welchen ich jüngst, zum Vortheil und zur
Beförderung geographischer Kenntnisse,
in meiner Beschreibung vom Wurmsee ge-
äussert habe, daß man nämlich junge Leute
zur Beschreibung ihrer Geburtsörter und
andrer Distrikte, wo es thunlich ist, an-
halten möchte, und verweise den Lehrer
auf die Gründe, mit welchen ich diese
Uebung angerathen habe.

Inhalt.

Inhalt.

A. Von

A. Von dem heutigen baierischen Kreis.

B. Von der rheinischen Pfalz.

C. Von den Herzogthümer Jülich und
Berg.

D. Von der Markgrafschaft Bergopzoom 2c.

E. Von dem baierisch-pfälzischen Wappen.

F. Summe und Benennung a) aller baierisch-pfälzischen Städte, b) des Qua-
dratinhalts, c) und der Seelenanzahl
1) des baierischen Kreises, 2) der baierisch-pfälzischen Länder insbesondere.

§. I.

§. I.

Unterricht vom Globo und den Erdmessungen.

Es ist zur gründlichen Erlernung der Erdbeschreibung sehr viel daran gelegen, daß man im Voraus deutliche und bestimmte Begriffe von der Lage und den Bewegungen der Himmelskörper, und von dem Verhältniß unsrer Erde gegen dieselbe erhalte. Man soll daher nicht weiter gehen, ohne sich diese eben so nützliche als angenehme Kenntnisse eigen gemacht zu haben.

I.

Von den vier großen Zirkeln, dem Horizon, Aequator, Meridian und der Ekliptik.

Den unermeßlichen Raum, in welchem sich zu öberst die Firsterne, weiter unten die Planeten mit der Erde befinden, nennt man die Welt. (Mundus universum)

A   Die

Die ersten Menschen, welche das Himmelsgebäude, und alles, was darinn vorgeht, mit gröster Aufmerksamkeit betrachteten und studirten, haben bald bemerkt, daß einige und zwar die meisten Himmelskörper ihre Lage unter sich nicht verändern, andere entgegen sich in einer steten und regelmäßigen Bewegung befinden, so, daß sie binnen einer bestimmten Zeit immer wieder zum nämlichen Punkt zurückkehren und von neuem auslaufen, und auf diese Weise den Tag und die Nacht und die Zeit bestimmen. Nach und nach haben sie diesen Himmelskörpern willkürliche Nämen beigelegt, die Geschichte ihrer Bewegungen beschrieben, und davon den besten bürgerlichen Gebrauch zu machen gesucht. Um dabei richtiger verfahren und sich ihre Beobachtungen einander mittheilen zu können, haben sie gewisse Zirkel und Eintheilungen, nach denen sie alles erklären, und wohin sie alles zurückführen könnten, erfunden. Diese Zirkel sind auf einer runden Kugel, welche das Weltgebäude vorstellt, eingetragen.

Das erste und allgemeinste, was sie beobachteten, war, daß sich das ganze Himmelsgebäude binnen 24 Stunden (scheinbar oder wahrhaft) herumbewege. Sie dachten sich also eine Achse, um welche diese tägliche Bewegung geschähe, und dazu zween Punkte, an welchen diese Achse gleichsam festgemacht wäre. Diese zween Punkte heissen Pole. (Poli)

Der

Derjenige, welchen man auf dem Globus oben
ſieht, wird von einem nahen Geſtirne Arktos
oder der kleine Bár, der arktiſche (arcticus)
auch der Nordpol (borealis); der entgegen
ſtehende aber, der antarktiſche (antarcticus)
auch der Südpol (meridionalis) genannt.
Ferner heißt jene Gegend überhaupt der Nord
oder Mitternacht (Septemtrio oder plaga
borealis); dieſe Süd, Mittag (Meridies,
Auſter, plaga meridionalis); jene, wo die
Sonne mit allen Sternen heraufkömmt, Aufgang, Oſt, Morgen (Oriens), und wo ſie
untergeht, Untergang, Weſt (Occidens).
Was jene Achſe betrifft, ſo nimmt man an,
daß ſie durch den Mittelpunkt der Erde gehe.
Es gibt mithin eine Erdachſe, und, wenn
man ſich die letztere fortgeſetzt denkt, eine Him-
melsachſe (Axis mundi), ſo wie es Erd-
und Himmelspole gibt.

Wenn man eine Weltgegend weis, ſo weis
man alle; denn, wenn ich vorne Nord habe
(gegen welchen, als der erſten oder Hauptge-
gend, der Globus und die Landkarte zu ſtellen
ſind) ſo habe ich zur Rechten Oſt, auf dem
Rücken Süd, und zur Linken Weſt.

Man hat zur See und auf dem Lande verſchiedne Mittel, die Weltgegenden zu finden.
Auf dem Lande darf man ſich zur Mittagszeit
bei uns nur nach ſeinem eignen Schatten wenden, ſo hat man Nord, und mithin auch die
übrigen Gegenden. Man kan auch, wenn

A 2

man

man Bäume sieht, auf die Seite sehen, welche
rauher und bewachsen ist, denn da ist Nord.
Bei der Nacht sieht man auf das Siebengestirn oder den Heerwagen, oder auf den Polarstern, der sich im kleinen Bären befindet: so
hat man wieder Nord. Ueberhaupt aber kann
man sich der Magnetnadel oder des Kompaß-
ses bedienen; die Spitze der Magnetnadel wei-
set, kleine Abweichungen ausgenommen, stets
nach Nord.

Damit man auf dem Meer besser fortkom-
men, oder auch andere Beobachtungen genauer
anstellen, und z. B. die Winde bestimmen könne,
hat man zwischen den vier Weltgegenden wieder andere, die sich mehr oder weniger einem
der vier Haupttheile nähern, angenommen.
Ich setze z. B. die Stadt Regensburg liege
nördlichst oder in der Mitte des Nords: so
könnte man sagen, Straubing liege nord-öst-
lich, Ingolstadt aber nord-westlich. Solcher
Abtheilungen sind 32, welche überhaupt die
Windrose genannt werden.

Man nimmt zu fernern Erklärungen zween
Punkte an, derer der einte sich gerade über uns,
der andere unter uns befindet. Jener wird der
Scheitel- oder Vertikalpunkt, Zenit; dieser der Fußpunkt oder Nadir genannt. Diese
Punkte hat jeder Mensch, und jeder kann sich
in dem Mittelpunkt dieses Weltgebäudes denken; man pflegt aber dieselben insgemein weit-
läuftiger zu nehmen, und sie einer ganzen
Stadt,

Stadt, in welcher man Beobachtungen anstellt, zuzueignen.

Wenn sich nun jemand im wahren Zenit befände, so würde sich der Kreis seines Gesichts bis an die Hälfte der Weltkugel erstrecken; denn um die Hälfte oder Mitte einer Kugel liegt der gröste Zirkel derselben, so, daß der nächstfolgende hinab, schon wieder kleiner, und unter jenem, dem grösten, verborgen ist. Man nennt darum diesen Kreis oder Zirkel, der sich bei jeder Kugel befindet, den Gesichtskreis (Horizon) und gibt von ihm folgende Benennung: Der Gesichtskreis ist ein großer Zirkel (große oder gröste Zirkel werden diejenigen genannt, welche eine Kugel in zwo gleiche Hälften abtheilen) welcher die Welt oder die Erde in zween gleiche Theile, nämlich in den obern und sichtbaren, und in den untern und unsichtbaren abtheilt, und von seinem Zenit und Nadir, welches die höchsten Punkte der Kugel, oder die Pole des Gesichtskreisses sind, gleichweit, nämlich 90° abstehet.

(Im Vorbeigehen ist hier anzumerken, daß man übereingekommen ist, jeden Zirkel in 360 gleichgroße Theile abzutheilen. Diese Theile heißt man Grade, und man zeigt sie mit ° an. Ein Grad besteht aus 60' oder Minuten, eine Minute aus 60'' oder Sekunden ꝛc. Wenn also zwei Dinge einen halben Zirkel von sich entfernt sind, wie z. B. die beeden Pole oder auch das Zenit und Nadir: so sind sie 180°

A 3 von

von sich entfernt. Stehen sie aber nur den
4ten Theil des Zirkels voneinander ab, wie
z. B. der Gesichtskreis von seinem Pole ent=
fernt ist: so beträgt dieß 90°)

Der Gesichtskreis wird in den **wahren**
(verus Horizon) und in den scheinbaren (ap=
parens) abgetheilt. Wir befinden uns näm=
lich niemals in derjenigen Höhe, aus welcher
die Hälfte der Erdkugel gesehen werden könnte,
und unser Blick reicht nur so weit, als aus
unserm Aug eine Linie dahin, wo der Himmel
niederzugehen scheint, gezogen werden kann.
Dieß macht, wenn wir uns auch auf einen
sehr hohen Thurn begeben sollten, allemal nur
einen sehr kleinen, und, im Verhältniß mit dem
wahren Horizon, einen unmerklichen Zirkel, so
daß dieser, der scheinbare, von jenem allemal
90° Grad absteht. Wenn übrigens ein Stern
über unsern Gesichtskreis heraufgeht, so sagt
man, er gehe auf, und, er gehe unter, wenn
er in West über denselben hinabsinkt. Indeß
kömmt bei den Sternen, welche weiter abste=
hen, als die Sonne, der scheinbare Horizon
mit dem wahren überein, das ist, man sieht
diejenigen Sterne, welche 180° von einander
entfernt sind, zu gleicher Zeit auf= und unter=
gehen. So verhält es sich aber nicht mit den
Himmelskörpern, welche der Erde näher sind,
als die Sonne. Bei diesen ist das Zenit näher
als das Nadir, und der Horizon hört auf, ein
großer Zirkel zu seyn. Noch ist anzumerken,
daß

daß der Abſtand eines Poles vom wahren Horizon die Polhöhe genannt werde.

Ein andrer großer Zirkel iſt der Gleichmeſſer (Aequator), welcher von beeden Polen 90° entfernt iſt, und den Himmel und die Erde in zwo gleiche Hälften, nämlich in die nördliche, und in die ſüdliche, theilet. Er wird auch die Mittellinie, oder Linie, und, weil Tag und Nacht gleich iſt, wann die Sonne in dieſem Zirkel lauft, welches im Frühling und Herbſt geſchieht, auch die Aequinoktiallinie genannt.

Der Aequator dienet dazu, die Breite (Latitudo) eines Orts zu meſſen; denn dieſe iſt nichts anders, als die Entfernung eines Orts vom Aequator nach einem Pol; daher die nördliche und ſüdliche Breite.

Wenn die Sonne diejenige Höhe erreicht hat, daß ſie von dem Punkt, wo ſie aufgieng, und von dem, wo ſie untergehen wird, gleichweit abſteht, ſo iſt Mittag, oder die Mitte des Tags. Wenn man nun von dieſem Punkte durch die beeden Pole rings herum eine Linie zieht, ſo entſteht daraus ein großer Zirkel, welcher den Aequator zweimal durchſchneidet, und die Erde in zwo gleiche Hälften, nämlich in die öſtliche und in die weſtliche theilet. Man nennt ihn den Mittagszirkel oder Meridian. Es gibt, wie jeder von ſich ſelbſt ſieht, unzählige ſolcher Mittagszirkel, und verſchiedne Völker haben den erſten derſelben

A 4 an

an verschiedne Orte verlegt. Die Europäer
kommen fast alle darinn überein, daß sie von
Abend gegen Morgen, und zwar die meisten
in der westlichen Küste von der kanarischen Insel Ferro (von welcher Paris, oder vielmehr
die Sternwarte daselbst, 20° entfernt ist,) zu
zählen anfangen. Man sieht auf dem Globo
nach diesem Meridian, dessen Zirkel größer,
dann die übrigen, gestaltet ist, noch andere
Halbmeridiane, und überhaupt 36 an der Zahl.
Der messinge Ring vertritt die Stelle aller möglichen Meridiane.

Man bedient sich des Meridians, die Länge
eines Orts, oder die Entfernung desselben
vom ersten Meridian, ost- oder westwärts,
zu messen. Durch diese Messung der Breite
und Länge erhält man die Lagen und die Verhältnisse aller Oerter der Welt, wobei indeß
noch anzumerken ist, daß man die Grade der
Länge auf dem Aequator, und entgegen die
Grade der Breite auf dem Meridian abzähle.
Man hat zu diesem Behuf von 10 zu 10 Gra-
den allemal einen Kreis gezogen. Liegt nun ein
Ort auf dem ersten Kreis vom Aequator ab, so
hat er 10 Grad in der Breite, und 20, wenn
er auf dem andern liegt u. s. w.

Diese Zirkel, welche darum, weil sie mit
dem Aequator parallel gezogen sind, Parallelzirkel genannt werden, haben zu ihrem Mittelpunkt den Nord- oder Südpol, und werden
also immer kleiner, je mehr sie sich einem der
Pole

Pole nähern, und, umgekehrt, immer größer,
je mehr sie zu dem Aequator zurückkehren, wo
sie am grösten sind.

Man ist wieder übereingekommen, auf je=
den Grad des Aequators und andrer grösten
Erdkreise, 15 deutsche, oder, wie man sie auch
nennt, geographische Meilen der Ausdehnung
zu rechnen, so, daß der Meilenumkreis um
die Erde 5400 deutsche Meilen beträgt, wie
sich findet, wenn man 360 mit 15 multiplicirt.

Was entgegen den Unterschied der Zeit
betrift: so rechnet man auf jede 15 Grade in
der Länge eine Stunde, und folglich auf jeden
Grad 4 Minuten. Ferner nimmt man für jede
6 Minuten Unterschied in der Länge, und für
jede 4 Minuten in der Breite eine Meile.

Hieraus lassen sich nun, zumal in Absicht
auf die Berechnung der Zeit, verschiedne nütz=
liche Anwendungen machen. Da nämlich die
Sonne von Morgen gegen Abend, und, wie
wir annehmen, von uns Europäern zu den
Amerikanern, von diesen zu den Japanern und
Chinesern, dann zu den Persern, und dann
wieder zu uns kömmt: so zählet man zur näm=
lichen Zeit nicht überall die nämlichen Stun=
den. Wenn es bei uns 12 Uhr Mittag ist, so
ist es in einem Ort, welcher 15 Grad in der
Länge ostwärts liegt, bereits 1 Uhr Nachmit=
tag, und in einem andern, welcher eben so
viele Grade westwärts liegt, ist es erst 11 Uhr
Vormittag. Nach unsern, den hiesigen Uhren,

müssen

müssen sich also die Himmelserscheinungen und andere Naturbegebenheiten in den uns östlichen Ländern später, weil da die Sonne schon vorüber ist, in westlichen früher, weil die Sonne erst dahin kömmt, ereignen.

Es ist wohl zu merken, daß dieser Unterschied der Uhren oder Stunden nur die Völker betrift, welche uns ost- oder westwärts liegen, und eine ungleiche Länge mit uns haben. Diejenigen entgegen, welche neben uns, und, wie man sagt, nord- und südwärts, unter Einem Meridiano mit uns liegen, haben auch gleiche Stunden mit uns, und ihre Uhren treffen mit unsern Uhren zusamm.

I. Man soll einem Ort die gehörige Polhöhe geben (deren Berichtigung zur Auflösung einer jeden andern Aufgabe vorausgesetzt werden muß.) Man suchet erst die Breite des gegebnen Orts, welche mit der Polhöhe immer von einerlei Größe ist. Zu dem Ende führt man den Ort unter die südliche Hälfte des allgemeinen Meridians, und zählt an diesem die Grade und Minuten vom Aequator bis zum Ort. Diese nämlichen Grade zählet man nordwärts hinab, und führt den letzten derselben unter den hölzernen oder allgemeinen Horizon: so hat man die Polhöhe.

II. Man soll die gefundnen Grade durch Meilen ausdrücken. Man hat gefunden, daß z. B. München unter 48° 10′ nördlicher Breite liege. Da in der Ausdehnung jeder Grad 15 deutsche

deutſche Meilen beträgt, ſo multiplicirt man
die gefundnen Grade mit 15, und die Minuten, da ihrer vier eine Meile machen, dividirt
man mit 4. Dem zu Folge liegt München
722½ deutſche Meilen nordwärts von der Linie
oder dem Aequator ab.

III. Man ſoll die Länge eines Orts
finden. a) Erſt ſucht man die Polhöhe. b)
Dann führt man den Ort unter den Meridian,
und ſieht, was für einen Grad der Meridian
auf dem Aequator abſchneide. Dieſer Grad
iſt die geſuchte öſtliche Länge des Orts.

IV. Man ſoll die Lage eines Orts beſtimmen, der nicht auf dem Globus zu finden, aber deſſen Länge und Breite ſonſt
bekannt iſt. a) Man beſtimmt die Polhöhe,
b) ſucht den bekannten Grad der Länge auf
dem Aequator, c) führt ihn unter den Meridian, d) und zählt an dieſem von dem Aequator nord- oder ſüdwärts ſo viele Grade, als die
bekannte nörd- oder ſübliche Breite des Orts
beträgt.

V. Man ſoll angeben, wie viel Uhr es
in einem weit entfernten Ort, z. B. in
Pecking ſey. a) Man erhöht den Pol, b)
führt den Ort, welchen man bewohnet, unter
den Meridian, und richtet den Zeiger auf die
eben gegenwärtige Stunde; c) dann führt man
den Ort, von welchem man wiſſen will, wie
viel Uhr es dort ſey, unter den Meridian, und
der Zeiger wird die verlangte Stunde anzeigen.

VI. Man

VI. Man soll die Tagslänge eines entfernten Orts finden. In der Breite von 49° ist der längste Tag 16 Stunden. Man sehe also, ob die Breite des gegebnen entfernten Orts größer oder kleiner sey. Ist jenes, so rechne man für jeden Grad um 9 Minuten Zeit mehr, und wenn das letztere ist, um 9 Minuten weniger. Oder a) man erhöhe den Pol, b) führe den 1sten Grad des Krebses nach der Ostseite des Horizonts, und richte den Zeiger auf 12 Uhr Mittags, c) drehe dann den Globus nach der Westseite bis wieder in den westlichen Horizont, und wenn der erste Grad des Krebses denselben erreicht, d) so zähle man die Stunden, welche der Zeiger im Herumdrehen gemacht hat, e) ziehe diese Stunden von 24 ab, und man hat die größte Tagslänge im gegebnen Ort.

Die größte Tagslänge ist der größten Nachtlänge gleich, das ist, an dem Ort, wo im Sommer der längste Tag 16 Stunden, und die kürzeste Nacht 8 Stunden ausmacht, ist, umgekehrt, im höchsten Winter der Tag 8, und die Nacht 16 Stunden lang.

VII. Man soll die Entfernung eines Orts von dem andern bestimmen.

I. a) Wenn beede Orte einerlei Länge haben, so führe man sie unter den Meridian, und zähle, wie viele Grade der Breite sie voneinander haben; b) da ein jeder dieser Grade 15 deutsche Meilen der Ausdehnung beträgt,

so

so multiplicire man die gefundnen Grade mit 15, und man weis den Abstand beeder Oerter.

II. Wenn beede Orte einerlei Breite aber verschiedne Längen haben: a) so zähle man auf dem Aequator die Grade, welche sie von einander abstehen, b) und multiplicire mit den Meilen, welche ein Grad der Länge in der Breite beider Orte beträgt. Dieß ist der verlangte Abstand.

III. Wenn sowohl die Breite als die Länge ungleich sind: a) Man nehme von beeden Orten die Länge und Breite, und ziehe sie von einander ab. Z. B. Donauwert hat in der Länge 28° 24′, Reichenhalle 30° 29′. Der Unterschied ihrer Längen ist sohin 2° 5′ oder 125 Minuten. Ferner hat Donauwert in der Breite 48° 45′, Reichenhalle aber 47° 43′, so daß der Unterschied ihrer Breite 1° 2′ oder 62 Minuten beträgt. Da man für jede 6′ Unterschied in der Länge eine Meile rechnet: so gibt dieß für 125′ der Länge beinahe 21 Meilen. In der Breite aber, wo 4′ eine Meile machen, beträgt der Abstand 15½ Meilen. b) Nun multiplicire man erst 21 und dann 15½ mit sich selbst; jenes gibt 441, dieses 240¼. c) Diese beeden Produkte, nämlich die Zahlen 441 und 240¼ addirt man, woraus 681¼ entsteht. d) Aus dieser Zahl ziehe man die Quadratwurzel, und man wird die Zahl 26 finden, welche die Meilenentfernung zwischen Donauwert und Reichenhall bestimmt. Oder:

Man

Man multiplicire die kleinere Zahl durch sich
selbst, und dividire das Produkt mit der doppelten größern Zahl. Dieß letztere Produkt
addire man zu der doppelten größern Zahl,
und dividire von neuem das erste Produkt,
nämlich die kleinere mit sich selbst multiplicirte
Zahl; diesen neuen Quotienten addirt man zu
der größern Zahl: so erhält man ebenfalls die
gesuchte Entfernung. In dem gegenwärtigen
Fall beträgt die größere der Zahlen 21. Die
kleinere mit sich selbst multiplicirt, gibt 240¼.
Wenn man diese mit der doppelten größern
Zahl, nämlich mit 42 dividirt, so erhält man
5¼. Diese zu jener doppelten größern Zahl addirt, gibt 47¼. Nun werden die obigen 240¼
von neuem dividirt, und man erhält auf einen
sehr kleinen Bruch die Zahl 5. Diese zu der
größern Zahl, nämlich zu 21 addirt, gibt wieder 26 Meilen.

Der vierte größte Zirkel ist die Ekliptik,
oder die Sonnenstraße, wozu noch einige die
beeden Koluren rechnen, von welchen nachher
die Rede seyn wird.

Die Ekliptik ist ein großer Zirkel, der
den Aequator an zweenen entgegengesetzten Orten unter einem Winkel von 23° 30'
durchschneidet. Ehe wir weiter gehen, wird
es nicht undienlich seyn, uns von den Theilen
der Sonnenwelt indeß einen allgemeinen Begriff zu machen, bis sich die Gelegenheit ge-

ben

ben wird, von jedem insbeſondere zu handeln.
Es ſind aber dieſe Theile

1) Die Firſterne.

2) Die Sonne.

3) Die ſechs Hauptplaneten, welche um
die Sonne in der folgenden Ordnung ſtehen,
als 1) der Merkur, 2) die Venus, 3) die
Erde, mit ihrem Nebenplaneten, dem Mond,
4) der Mars, 5) der Jupiter, mit vier Nebenplaneten, 6) der Saturn mit 5 Nebenplaneten. Dieſe Nebenplaneten werden auch Trabanten oder Monden genannt.

4) Die Kometen.

Wenn die Sonne ihren Lauf immerzu im
Aequator nähme, und alle Tage einen Grad
vollendete: ſo würden die Tage und Nächte
immerzu gleich, und das Jahr 360 Tage lang
ſeyn; allein ſie rücket (auſſer der allgemeinen
Himmelsbewegung von Oſt gegen Weſt) alle
Tage etwas weniger, als einen Grad, von
Weſt gegen Oſt, ſo daß ſie den folgenden Tag
niemals an der nämlichen Stelle, ſondern früher oder ſpäter auf- und untergeht. Sie kömmt
nämlich im Anfang des Frühlings in den Himmelsäquator oder Aequinoktialzirkel, und
bewegt ſich in einem Parallelkreis, welcher mit
dem Aequator einerlei, und deſſen Hälfte beſtändig über den Horizon erhoben iſt. Sie geht
alſo allenthalben in dem wahren Morgenpunkt
auf,

auf, geht durch den Mittagskreis in den Punkt, in welchem ihn der Aequator durchschneidet, und in dem wahren Abendpunkt wieder unter, da dann Tag und Nacht gleich ist. Dieser Tag fällt itzt allemal auf den 20 oder 21 März, und der Punkt der Ekliptik, unter welchem sie sich diesen Tag um die Erde herum bewegt, heißt der Aequinoktialpunkt, und ist der erste Grad des Widders.

Nun steigt sie in einer Spiral- oder schnekkenförmigen Bewegung alle Tage beinahe um einen Grad höher gegen den Nordpol hinauf, wodurch dann auch die Zirkel, welche sie beschreibt, alle Tage höher, und mithin diese Tage länger werden, bis sie in einen Parallelzirkel kömmt, welcher 23° 30′ vom Aequator absteht. Sie steht nun im nördlichsten Punkt der Ekliptik, und im 1ten Grad des Krebses. Dieß geschieht zwischen dem 20 und 21 Junius, wo wir den längsten Tag haben. Man nennt diese Zeit den Sonnenstillstand, oder das Solstitium. Jenen Zirkel aber, bei welchem sich die Sonne, so bald sie ihn erreicht hat, wieder zurück umwendet, heißt man den Wendezirkel, und zwar auf dieser, nämlich der Nordseite, den Wendezirkel des Krebses, oder Tropicum Cancri.

Die Sonne geht nun wieder täglich weiter nach dem Aequator zu, während dem die Zirkel immer kleiner und die Tage kürzer werden, bis sie jenen zwischen dem 20 und 21 Sept. erreicht,

erreicht, und Tag und Nacht wieder gleich, oder das zweite Aequinoktium ist. Der Punkt der Ekliptik, unter welchem sich die Sonne herumbewegt, ist der erste Grad der Waage.

Endlich geht sie täglich weiter nach Süden, bis sie wieder zu einem Parallelzirkel kömmt, der, wie jener nordwärts, 23° 30′ vom Aequator absteht. Dieß geschieht den 20 oder 21sten Dec., wo wir den kürzesten Tag haben. Die Sonne befindet sich in dem 1sten Grad des Steinbocks, und da sie sich von diesem südlichen Parallelzirkel gleich wieder abwendet, und hinauf nach dem Aequator zu den Frühlingszeichen läuft, so wird dieser Zirkel der südliche Wendezirkel des Steinbocks, Tropicus Capricorni, genannt.

Die Koluren sind zween einzelne Meridiane, welche durch beede Pole gezogen sind, und die Ekliptik in den Aequinoktial- und Solstitienpunkten durchschneiden.

2.

Von dem Thierkreiße und den Sternbildern.

Der Thierkreis oder Zodiacus ist ein 20° breiter Raum, und befindet sich zwischen zween Zirkeln, welche mit der, mitten darinn liegenden, Ekliptik gleich laufen, und beyde 10°, einer nord- der andere südwärts, davon abstehen. Dieser Thierkreis enthält, gleich jedem

B   großen

großen Zirkel, 360°; er ist aber, wie die Ekliptik, in 12 gleichgroße Theile abgetheilt, deren jeder 30 Grade, und jeder Grad ein Himmelszeichen enthält.

Man hat nämlich, um von den Fixsternen Gebrauch machen zu können, denselben die Namen gewisser Figuren oder Thiere gegeben, welchen, in der Ferne, viele Sterne oder Stellä zusammengenommen, zu gleichen scheinen. Eine solche Figur nennt man ein Sternbild, Gestirn oder Sidus; und wenn es ein Sternbild im eigentlichen Thierkreis oder Zodiaco ist, so heißt es ein Himmelszeichen, deren 12 sind, so, daß sich die Sonne jeden Monat in einem andern befindet.

Es gibt demnach 1) Sternbilder des Thierkreißes, und außer diesen 2) südliche, und 3) nördliche Gestirne.

Gestirne des Thierkreißes sind von West nach Ost in der nördlichen Hälfte

A) Frühlingszeichen: 1) Der Widder (Aries) ♈ 2) Der Stier (Taurus) ♉ 3) Die Zwillinge (Gemini) ♊

B) Sommerzeichen: 4) Der Krebs (Cancer) ♋ 5) Der Löw (Leo) ♌ 6) Die Jungfrau (Virgo) ♍

In

In der ſüdlichen Hälfte:

c) Herbſtzeichen: 7) Die Wage (Libra) ♎ 8) Der Skorpion (Scorpius) ♏ 9) Der Schütze (Arcitenens) ♐

D) Winterzeichen: 10) Der **Steinbock** (Caper) ♑ 11) Der Waſſermann (Amphora) ♒ 12) Die Fiſche (Piſces) ♓

Wenn alſo die Sonne das Zeichen des Widders antritt, welches, wie geſagt worden, den 20 oder 21ſten März geſchieht: ſo heißt es im Kalender ☉ in ♈, das iſt, die Sonne tritt an dieſem Tage in das Zeichen des Widders. Man hat nämlich den Punkt der Ekliptik, in welchem die Sonne zur Zeit des Frühlingsanfang geſehen wird, zum Anfangspunkt dieſer Eintheilung der Ekliptik angenommen, mit welchem das Zeichen des Widders anfängt; aber dieſer Punkt rückt wegen einer Veränderung der Erdlage gegen den Lauf der Sonne alle 72 Jahre von Morgen gegen Abend fort, ſo, daß dieſe Theile der Ekliptik nicht mehr in den Sternbildern, von welchen ſie ihre Namen haben, liegen, ſondern derjenige Theil, welcher das Zeichen des Widders genannt wird, itzt in dem Sternbild der Fiſche, und derjenige, welcher das Zeichen des Stiers vorſtellt, in dem Sternbild des Widders enthalten iſt u. ſ. w. Wenn daher in einem Kalender angezeigt wird, der Jupiter ſtehe im ♉, oder dem Stier: ſo

muß

muß man denselben zu der Zeit nicht in dem Sternbild des Widders suchen.

Der nördlichen Gestirne sind 21, als a) der große Bär, oder große Wagen, darinn der kleine Stern über den mittelsten im Schwanz des Bären, oder in der Deichsel des Wagens, der kleine Fuhrmann, oder Reuter, oder Alcor genannt wird; b) der kleine Bär oder kleine Wagen, wo der letzte Stern im Schwanz desselben der Polarstern genannt wird; c) der Drache; d) der Cepheus; e) die Cassiopeja; f) die Andromeda 2c.

Die südlichen Gestirne sind: 1) Der Orion, darinn drey große Sterne, welche in dem Gürtel in gerader Linie stehen, der Jakobsstab heissen. Dieses ist das schönste Sternbild, und kann im Winter, des Abends, in der mittäglichen Seite des Horizonts gesehen werden. 2) Der Wallfisch, in dessen Hälfte ein Wunderstern ist, welcher nur alle eilf Monate eine Zeit lang sichtbar ist. 3) Der Fluß Eridanus. 4) Der Haase. 5) Der kleine Hund. 6) Der große Hund, darinn sich der größte Stern unter allen Fixsternen, nämlich der Sirius, befindet 2c.

Man kann diese Sternbilder und die einzelnen Sterne in denselben leicht kennen lernen, wenn man sich nur einige davon, z. B. den großen Bären, oder das Siebengestirn im Zeichen des Stiers, das fast jeder Bauer kennet,

net, zeigen läßt, und hernach auf dem Globo
nachsieht, welche ihm die nächsten sind.

3.

Von der Verschiedenheit der Zonen,
Klimaten und Sphären.

Jene eigne Bewegung der Sonne von West
nach Ost läßt leicht einsehen, daß zur näm=
lichen Zeit weder die Jahrszeiten, noch die
Tagslängen überall die nämlichen seyn können.
Wenn die Sonne, nachdem sie in das Früh=
lingszeichen getretten ist, gegen den Nordpol
hinauf steigt, und in Europa der Sommer be=
ginnt, so wird es in den Südländern Winter,
und umgekehrt. Eben so geht uns die Sonne
auf, wann sie in dem stillen Meer oder zwi=
schen Asien und Amerika untergeht, und es ist
bey uns Mittag, wann es dort Mitternacht ist.
In China wirds Abend, wann es bey uns
Mittag ist, und in Amerika wird es zu eben
der Zeit Morgen. In den Gegenden, welche
dem Nordpol der Erde nahe sind, bleibet die
Sonne, so lange sie über dem Aequator, wel=
cher daselbst im Horizont liegt, sich befindet,
beständig über dem Horizont, und bewegt sich
in 24 Stunden einmal über dem Horizont bei=
nahe in Parallelkreißen herum, bis sie nach
einem halben Jahre in den ersten Grad des
Herbstzeichens, und dann unter den Aequator
hinab nach Süden tritt, und folglich den na=

B 3   hen

hen Polbewohnern nicht mehr über ihrem Horizont erscheint. In diesen Gegenden dauert also der Tag ein ganzes halbes Jahr, und die darauf folgende Nacht fast eben so lange.

Um diese Erfahrungen genauer bestimmen zu können, hat man Polarzirkel angenommen, welche zwey kleine Zirkel sind, die von jedem Pole 23° 30' abstehen, und mit dem Aequator parallel laufen. Der gegen Norden heißt der nördliche oder arktische Polarzirkel (Circulus polaris septemtrionalis oder arcticus) der gegen Süden aber der südliche oder antarktische (Circulus polaris australis oder antarcticus).

Diese zween Polarzirkel, und dann die Wendezirkel dienen dazu, die Erdfläche in 5 Zonen oder Erdgürtel einzutheilen, nämlich a) in die heiße, b) in zwey gemäßigte, und c) in zwey kalte.

a) Unter dem hitzigen oder heissen Erdgürtel (Zona torrida) versteht man denjenigen Raum, welcher zwischen den beeden Wendezirkeln auf beiden Seiten des Aequators, welcher mitten durchgeht, liegt, und 47° breit ist. In dieser Zone liegen, wie man auf dem Erdglobo sieht, Afrika (ein großes Stück im Norden und die Südspitze ausgenommen); Madagaskar (das südliche Sechstheil weggerechnet); die südliche Hälfte Arabiens, die beiden ostindischen Halbinseln, die Südspitze von Sina, alle ostindische Inseln, von Australien ganz Neuguinea, Neuireland und Neuhannover,

ver, ganz Neubritannien, beinahe die nördliche
Hälfte von Neuholland, die Charlotten= und
Societätsinseln nebst Utahitti, das h. Geist=
land, die neuen Hebriden und Neukaledonien,
die Nordhälfte von Südamerika, die Südspitze
Nordamerikens von Kuba und der Südspitze
Kaliforniens an, die Antillischen und Capver=
dischen Inseln, und, mit Einem Wort, alle
Länder, deren Breite unter 23° 30′. ist. Die
Hitze ist in diesen Ländern groß und kochend,
da die Sonnenstralen gewöhnlich nur sehr we=
nig schief, oft aber ganz senkrecht hinabfallen,
und in sich selbst zurückprellen. Zur Zeit, wann
dieß letztere geschieht, werfen die Einwohner um
die Mittagszeit keinen Schatten von sich, und
sie werden daher Unschattige oder Ascii ge=
nannt. Außerdem heissen sie Einschattige oder
Heteroscii, indem sie ihren Schatten zu Mit=
tagszeit beständig nur auf eine Seite, die auf
dem nördlichen Wendzirkel gegen Norden, die
auf dem südlichen gegen Süden. Denen, welche
unmittelbar unter einem der beeden Wendzir=
kel wohnen, kommt die Sonne nur einmal das
Jahr gerade über dem Kopf zu stehen, nämlich
denen unter dem Wendzirkel des Krebses am
21sten Junius, wann die Sonne in den Krebs
tritt, und bei uns den längsten verursacht;
denen aber unter dem Wendzirkel des Steinbocks
am 21 Dec, wann die Sonne in den Stein=
bock tritt, und bei uns den kürzesten Tag macht.
Alle die andern aber, welche innerhalb dieses

B 4

Erd=

Erdgürtels wohnen, haben die Sonne zweimal das Jahr gerade über dem Kopf, nämlich, wann sie von dem nördlichen Wendzirkel hinab gegen den südlichen geht, und hernach, wann sie von demselben wieder zurückkömmt. Sie haben mithin alle Jahre zweimal Sommer und einmal Winter, sind zweimal Unschattige, ausserdem aber Zweischattige oder Amphiscii, indem sie, je nachdem die Sonne nord- oder südwärts von ihrem Zenit absteht, den Schatten bald nord- bald südwärts werfen. Diejenigen entgegen, welche unter der Linie selbst wohnen, haben jährlich zweimal Sommer und zweimal Winter. In diesem Erdgürtel sind Tag und Nacht fast beständig einander gleich; und weil die Sonne des Nachts sehr tief unter dem Horizon steht: so sind die Nächte ziemlich kühl. Bei Tag wird die große Sonnenhitze durch den beständigen Ostwind etwas vermindert.

b) Gemäßigte Erdgürtel (Zoná temperatá) werden diejenigen genannt, welche zwischen einem Wende- und Polarzirkel liegen; darinn, und zwar in der Nordzone, liegen ganz Europa (ein Stück von Lappland ausgenommen) die Kanarien, mehr als ein Viertel von Afrika im Norden, ganz Asien (außer dem nördlichsten Siberien, dem südlichen Arabien, den beyden ostindischen Halbinseln, allen ostindischen Inseln und der Südspitze von Sina) ganz Nordamerika, Südgrönland (das nordende Amerika von Cumberlandstraße an, und

das

das südende von der Nordseite der Insel Kuba
und der Südspiße Kaliforniens an. In der
gemäßigten Südzone liegen die Südspiße von
Afrika und Madagaskar, das Cap de la Cir-
concifion, mehr als die Südhälfte Neuhollands,
Neuseeland, die Südhälfte Südamerikens von
Rio Janeiro an, nebst dem Feuerland, und
überhaupt alles, dessen Breite außer 23° 30'
und innerhalb 66° 30' liegt. In diesen Ländern kömmt die Sonne niemals über den Scheitel der Einwohner, sondern bleibt näher oder
weiter davon entfernt, je nachdem sie näher
oder weiter von einem Wendezirkel wegwohnen.
Sie haben jährlich nur einmal Sommer und
einmal Winter. Wenn es im nördlichen gemäßigten Erdgürtel Sommer ist, so ists im
südlichen Winter; ist in diesem der längste Tag,
so ist in jenem der kürzeste, und die Tage nehmen in jedem nach eben dem Maaß ab, nach
welchem sie in dem andern zunehmen. Die Einwohner sind immer einschattige, nämlich die
in der Südzone werfen zu Mittagzeit ihren
Schatten beständig nach Süden, die in der
Nordzone nach Norden.

c) Unter den kalten Erdgürteln (Zona
frigida) versteht man die Erdstriche, welche
ein jeder Polarzirkel, in dessen Mitte der Pol
ist, einschließt. In der nördlichen kalten Zone
(Zona frigida borealis) liegt Ostgrönland,
Spitzbergen, nova Zembla, das nördlichste
Sibirien, das nördlichste bekannte und noch

B 5 unbe-

unbekannte Amerika von Cumberlandsstraße
an nordwärts, und Nordgrönland. In der kalten Südzone (Zona frigida australis) liegt
das vom Cook bey seiner zwoten Seefahrt 1772
und bey der dritten 1776 untersuchte Südin-
bien. Und überhaupt liegt unter den kalten
Zonen, oder den Polarzirkeln alles, was über
die Breite von 66° 30' hinaus liegt. Weil
die Sonne beständig sehr tief steht, so ists darinn allzeit kalt. Diese Erdgürtel haben vor andern das Besondere, daß die Sonne alle Jahre,
wenigst einige Tage lang, darinn nicht untergeht, und im Gegentheil etliche Tage lang darinn nicht aufgeht. Unter den Polarzirkeln selbst
dauert der längste Tag 24 Stunden, dann nimmt
er immer zu, je näher man dem Pole kömmt,
wo ein halbes Jahr Tag, und ein halbes Jahr
Nacht ist. Es herrschet aber deswegen unter den Polen keine so lange Finsterniß; und
weil die Morgendämmerung einige Monate
vorhergeht, und die Abenddämmerung einige
nachfolgt: so dauert die wirkliche Nacht kaum
zween Monate lang; ja, da auch diese durch
den Mond und Nordschein vermindert wird:
so ist unter den Polen überhaupt so gar weniger Nacht, als an andern Orten. Zur Zeit,
wo die Sonne nicht untergeht, sind die Einwohner Umschattige (Periscii) das ist, der
Schatten geht binnen 24 Stunden um sie herum. Außer der Zeit ihres langen Tags aber
sind sie Einschattige.

Um

Um sich davon einen deutlichern Begriff machen zu können, muß man sich vorstellen, daß die Bewohner der verschiednen Zonen gegen die Sonne nicht einerlei Richtung haben; denn, wie man auf dem Globo ganz klar sieht, so befinden sich diejenigen, welche unter dem Aequator wohnen, in Ansehung der Weltkugel in einer ganz andern Stellung, als diejenigen, welche zwischen dem Aequator und den Polen wohnen.

a) Nämlich diejenigen, welche unter dem Aequator wohnen, haben die Weltkugel in gerader Stellung, indem ihnen so wohl der Himmelsäquator mit seinen Parallelzirkeln, als die Sonne und die Sterne rechtwinklicht über dem Horizont heraufsteigen. Sie haben auch keine Polhöhe, indem ihnen die beeden Pole im Horizon liegen. Man nennt diese Stellung der Sphäre Sphära rekta.

b) Denen, welche unter dem Pol wohnen, liegt der Aequator im Horizon, und der einte Pol im Zenit, der andre im Nadir, so daß sich alles mit dem Horizon parallel bewegt, der Aequator, seine Parallelzirkel, die Sonne und die Sterne. Diese Sphäre heißt Sphära parallela. Die Polhöhe wächst hier am höchsten, nämlich 90°, und die Sterne (so wie einige Zeit die Sonne) gehen niemals unter.

c) Alle übrige Völker, und eigentlich von 1° bis 90°, haben eine schiefe Kugel, Sphära obliqua, weil der Horizon und der Aequator

sie

sie schief durchschneiden. Daher gehen ihnen
auch die Sonne und die Sterne schief auf und
unter, und einige sind allzeit über, andere aber
unter dem Horizon.

Man hat ferner die 3 großen Zonen in
Klimate oder kleinere Erdgürtel abgetheilt,
das ist, man hat, so oft der Tag vom Aequator angefangen, dem Pole zu, um eine halbe
Stunde wächst, einen Kreis gezogen, und den
Raum zwischen zweenen solchen Parallelzirkeln
ein Klima genannt. Da nun der längste Tag
im Aequator 12, unter den Polarzirkeln aber
24 Stunden lang ist: so können auf jeglicher
Seite nur 24 solcher Klimate seyn. Man
nennt sie auch die eigentlichen Klimate. Von
den Polarzirkeln bis selbst unter die Pole sind
6 solche Zirkel gezogen, von deren einem zum
andern die größte Tagslänge sogleich um einen
ganzen Monat zunimmt, bis er endlich unter
den Polen selbst ein halbes Jahr dauert. Die
eigentlichen Klimate werden immer kleiner oder
schmäler, und die uneigentlichen immer größer
oder breiter, je weiter sie vom Aequator abstehen. So werden auch die 360 Grade der
Parallelzirkel, welche durch jeden roten Grad
der Meridiane gezogen sind, desto kleiner, je
näher sie den Polen kommen, so, daß ein
Grad eines solchen Parallelzirkels nicht 15 geographische Meilen, wie ein Grad des Aequators, sondern nach dem Maaß der Annäherung
des Poles immer weniger beträgt.

4. Von

4.

Von den Nebenwohnern, Gegenwohnern, Gegenfüßlern.

a) **Nebenwohner** oder **Perioeci** sind sich diejenigen, welche einerlei Nord= oder Süd=breite, aber eine ungleiche Länge haben. Die=sen geht die Sonne, wie uns, auf und unter; nur, daß es früher oder später geschieht. Und wenn der Abstand der Länge 180° betrift: so haben sie entgegengesetzte Tageszeiten, und zäh=len 12 Uhr Mitternacht, wenn wir 12 Uhr Mittags zählen. Die Jahrszeiten und Zonen sind übrigens einerlei.

b) **Gegenwohner** oder **Antoeci** sind die=jenigen, welche mit uns einerlei Länge, und einerlei Breite, aber dieselben uns gegenüber haben, und uns, die wir nördlich sind, südlich liegen, und umgekehrt. Sie haben mit uns einen Meridian, und folglich einer=lei Tageszeiten und Stunden; aber verschiedne Jahrszeiten, und über die Wendezirkel hinaus auch verschiedne Zonen. Wenn bei uns Som=mer und der längste Tag ist: so haben sie Win=ter und den kürzesten Tag.

c) **Gegenfüßler** oder **Antipodes** sind die=jenigen, welche in der Länge 180° von uns abstehen, und zwar einen gleichen Grad der Breite, aber diese dem entgegengesetzten Pole zu, haben. Sie haben einerlei Stunden mit

uns,

uns, das ist, sie zählen 12 Uhr, wenn wir diese Stunde zählen; aber es ist bei ihnen Mitternacht, wenn es bei uns Mittag ist. So haben sie auch entgegengesetzte Jahrszeiten, und über die Wendezirkel hinaus auch verschiedne Zonen.

Wenn man dieß wenige, was bisher gesagt worden, wohl behalten hat, so kann man verschiedne Dinge auflösen, welche beim ersten Anblick wunderbar scheinen, aber an sich sehr einfach und ungezweifelt sind, falls man die Ursachen davon eingesehen hat. Ich will daher zu den obigen Aufgaben noch einige hinzusetzen, deren gründliche Auflösung den Anfängern nothwendig dazu dienen muß, ihre Begriffe und Kenntnisse über die Einrichtung der Himmelszirkel zu bestärken.

I. Man soll den Standort der Sonne für jeden Tag finden.

a) Man suche auf dem hölzernen Zirkel des Horizont den Tag, für welchen man den Standort bestimmen will; dann b) suche man auf dem nächsten Zirkel der 12 Himmelszeichen den Grad des Zeichens, in welchen die Sonne eingetretten ist; suche c) diesen Grad auf der Ekliptik: so weis man für den gegebnen Tag den Standort der Sonne.

II. Man soll den Abstand der Sonne vom Aequator für den gegebnen Tag finden.

a) Man

a) Man suche den Standort der Sonne, b) bringe ihn unter den Meridian, und zähle die Grade vom Aequator bis zum Standort. Die Summe derselben gibt den Abstand.

III. Man soll finden, wann die Sonne an einem gegebnen Ort auf = und untergehe.

a) Man erhöhe den Pol, b) führe den Standort der Sonne unter den Meridian, und richte den Stundenzeiger auf 12 Uhr Mittags, c) drehe dann den Standort der Sonne nach dem Horizon; d) geschieht dieß ostwärts, so weis man die Stunde des Aufgangs, und, wenn es westwärts geschieht, die Stunde des Untergangs. Nimmt man die Summe derselben zusamm, so weis man die Länge der Nacht.

IV. Man soll kürzlich das Klima eines Orts bestimmen.

a) Man suche die größte Tagslänge; diese ist z. B. in München 16 Stunden; b) ziehe davon 12 Stunden ab; also 16 — 12 = 4; c) addire dann diesen Rest; 4 + 4 = 8. d) Diese Zahl 8 zeigt die halben Stunden an, um welche die größte Tagslänge mehr beträgt, als im Aequator.

V. Man soll die Oerter bestimmen, an welchen die Sonne an einem gewissen Tag den Einwohnern gerade über dem Kopfe steht.

a) Man

a) Man suche erst den Standort der Sonne am bestimmten Tage, b) führe diesen Standort unter den Meridian, und c) bemerke seinen Abstand; d) drehe nun den Globus herum, und bemerke die Orte, welche unter dem gesundnen Grad des Abstands durchgehen. An diesen Orten steht die Sonne den Einwohnern zur Mittagszeit gerade über dem Scheitel, und sie werfen keinen Schatten.

VI. Man soll die Oerter nennen, wo die Sonne an einem bestimmten Tag den Einwohnern nicht untergeht.

a) Man zähle die Grade des Sonnenabstands; b) eben so viele Grade zähle man vom Pol gegen den Aequator, und merke sich den Punkt; c) drehe dann den Globus herum, und merke sich die Orte, welche unter diesem Punkt durchgehen: denn in denselben geht die Sonne am gegebnen Tag nicht unter. Eben so bestimmt man, wo die Sonne an der gegenseitigen Zone nicht aufgeht.

VII. Man soll sagen, wo es Sommer wird, wenn es bei uns anfängt Winter zu werden, das ist, man soll die Oerter suchen, welche uns gegenüber liegen.

a) Man führe den gegebnen Ort unter den Meridian, und zähle die Grade der Breite. Eben so viele Grade zähle man vom Aequator an gegen den entgegengesetzten Pol. Unter dem
letzten

letzten Grad sind die Gegenwohner, und da ist
Sommer, wann bei uns Winter ist.

VIII. Man sage, wo es Mitternacht
ist, zur Zeit, wann wir Mittag haben,
das ist, man bestimme unsre 180° ent-
fernte Nebenwohner.

a) Man zähle die Grade der Breite; b)
richte dann, doch ohne einige Verrückung des
Globus, den Zeiger auf 12 Uhr; c) drehe den
Globus, bis wieder 12 Uhr erscheint, herum,
so finden sich unsre 180° entfernten Nebenwohner unter einerlei Grad und Breite mit uns.
Eben so leicht ist es, die Gegenfüßler zu finden, welche von den Nebenwohnern dadurch,
daß sie in der entgegengesetzten Breite des Meridians wohnen, unterschieden sind.

Andere Aufgaben erklären sich gleichsam
von selbst, wenn man sich einigermaßen ge-
schickt gemacht hat, die Lage der Zirkel und ihr
Verhältniß gegeneinander lebhaft sich vorzu-
stellen. Ich will demnach die noch vielen möglichen dem Privatfleis eines jeden anheimstellen,
und nur noch etwas von der Bestimmung der
Morgen- und Abenddämmerung hinzusetzen.
Wann am Morgen die Luft gegen Osten einen
hellen Glanz bekömmt, so heißt man dieß die
Morgendämmerung, und die Sonne befindet
sich dann 18° bis 19° unter dem Horizont.
Jener Glanz breitet sich immer mehr in der
Breite und Länge aus, bis er über unsre Schei-

C   tel

tel kömmt, und die östliche Hälfte des Himmels erfüllt. In diesem Augenblick geschieht die Scheidung des Tags von der Nacht, und die Sonne befindet sich noch 6° 23′ unter dem Horizont. Die Zeit dieser Trennung von Tag und Nacht bis zum Aufgang der Sonne ist am längsten im Sommer, nämlich 51 Minuten, im Frühling und Herbst am kürzesten, nämlich 38′, und im Winter um den kürzesten Tag 45′. In den Ländern, welche so nördlich, wie wir, liegen, kömmt die Sonne im höchsten Sommer niemals 18° unter dem Horizont, und wir haben mithin in diesen Nächten eine beständige Dämmerung. Wie man also, wenn man einmal den Aufgang der Sonne weis, ihren Untergang bestimmen kann: so läßt sich dieß mit der Abenddämmerung thun, wenn man einmal die Morgendämmerung gesucht hat. Man darf dann nur die Zeit dieser letztern von 12 Stunden abziehen: so erhält man die Abenddämmerung.

5.

Die Fixsterne.

Die fixen oder angehefteten Sterne (worunter, außer der Sonne, den Planeten und Kometen, alle Sterne verstanden werden) haben diese Namen daher, weil sie ihre Lage und Entfernung gegeneinander niemals merklich verändern. Diese Sterne haben mit unserm

ſerm Sonnenſyſtem und den Planeten keine
Verbindung, ſondern jeder dieſer kleinen Punkte
iſt ſelbſt eine ungeheure flammende Sonne, die
ſich um ihre eigne Achſe in einem gewaltigen
Kreis ſchwingt. Man hat weder jemals die
Höhe, noch die Größe dieſer Sterne beſtim‐
men können, und auch ihre Menge iſt unermeß‐
lich. Man hat in den letztern Zeiten bei 2604
gezählet; aber je beſſer die Vergrößerungsglä‐
ſer ſind, deſto größer iſt aller Orten ihre An‐
zahl, und der dickbeſäete Streif von Sternen,
der faſt mitten durch das Firmament geht, er‐
ſcheint, wie eine flimmernde durch das unend‐
liche Gewölb geſpannte Binde. Und unſer
Geiſt denket und ahndet Fernen und Welten,
bis die Gedanken ihm ſchwindeln.

Man hat die Firſterne in ſechs Klaſſen der
Größe abgetheilt; dieſe Größe iſt aber nur
ſcheinbar, und der kleinſte, der in ſeiner Ent‐
fernung wie ein merkliches Pünktchen weißlich‐
ten Dufts erſcheint, kann von der ungeheuer‐
ſten Größe ſeyn. So iſt auch der tägliche
Umlauf dieſer Firſterne groß, einfach und or‐
dentlich. Jeder derſelben beſchreibt einen im‐
mer gleichen Cirkelbogen; nur kömmt jeder
nach 24 Stunden um 4 Minuten eher an die
Stelle, aus welcher er den vorhergehenden Tag
ausgelaufen iſt. Dieß beträgt jede 15 Tage
eine, und jeden Monat zwo Stunden, ſo daß
jeder Firſtern alle Monat um 2 Stunden früher
auf‐ und untergeht. So bald man nun die

Stun‐

Stunde, wo ein gewiſſer Stern an einem be-
ſtimmten Tag aufgeht, weis, ſo kann man die
Stunde ſeines Auf- und Untergangs auf jeden
Tag des Jahrs wiſſen und vorher ſagen. Der
Sirius, z. B. oder der Hundsſtern, welches
der ſchönſte und größte unter allen Firſternen
iſt, geht den erſten Jenner Abends um 7 Uhr
auf, und des Morgens um halb 6 Uhr unter.
Sohin geht er den 1ſten Hornung um 5 Uhr
auf, und um halb 4 Uhr unter; den 1ſten
März geſchieht jenes um 3 Uhr, dieſes um halb
2 Uhr Mitternacht. Dieſer ſo ordentlich wech-
ſelnde Lauf der Firſterne dienet des Nachts, zu
finden, wie viel Uhr es ſey. Auch bedient man
ſich derſelben zur See, um die Stunde und
Mittagslinie zu beſtimmen.

: Um die Entfernung der Firſterne von den
Planeten einigermaßen anſchaulich zu machen,
hat man ſich des folgenden Bildes bedient.
Auf einem weiten Platz ſetze man eine Kugel
von 4 Zollen im Durchſchnitt. Dieſe Kugel
ſtelle die Sonne vor. In der Weite von 36
Schuhen beſchreibe man um dieſelbe einen Zirkel, und lege auf denſelben ein Senfkorn; dieß
ſey die Erde. Innerhalb dieſen Zirkel, welcher
die Laufbahn der Erde vorſtellt, zeichne man
in der Weite von 14 und 26 Schuhen zween
kleinere Zirkel; in den letztern ſetze man ein
Senfkörnlein, und in den erſtern ein noch faſt
dreymal kleineres Senfkörnlein: dieſes ſtellet
den Merkur, jenes die Venus vor. Nun beſchreibe

ſchreibe man um dieſe Zirkel noch drey andere,
in der Weite von 55, 187 und 343 Schuhen.
In den erſten lege man ein noch kleiners Senf=
körnlein für den Mars, in den andern eine
kleine Haſelnuß für den Jupiter, in den drit=
ten den Kern dieſer Nuß für den Saturn.
Der Kreis des nächſten Firſterns müßte von
der Kugel wenigſt 800 deutſche Meilen entfernt
werden. In dieſem Riſſe ſtellt jeder Zoll eine
Weite von 44000 Meilen vor, und jeder Schuh
12mal ſo viel. Jene 800 deutſche Meilen, um
welche der Kreis des nächſten Firſterns entfernt
werden ſollte, müſſen erſt in Schuhe verwan=
delt oder mit 23000 multiplicirt werden. Was
herauskömmt, ſind Schuhe. Dieſe wieder mit
12 multiplicirt, geben Zolle, und für jeden die=
ſer letztern ſind 44000 deutſche Meilen zu rech=
nen. Auf dieſe Weiſe wird man ein Bild von
den Laufbahnen, dem Abſtand und der Größe
der Planeten, oder des nahen Sonnenſyſtems
und der Firſterne erhalten. Man pflegt ſich
auch auf folgende Art auszudrücken: Eine
Stuckkugel hätte auch mit immer gleicher Ge=
ſchwindigkeit 25 Jahre zu laufen, bis ſie von
der Erde zur Sonne käme. Von der Sonne
bis zum Saturn, als dem äußerſten Planeten
würde ſie 240 Jahre zubringen, und in Millio=
nen Jahren kaum den nächſten Firſtern, der
von den folgenden wieder unermeßlich weit ab=
ſteht, erreichen.

C 3   6. Die

6.

Die Sonne.

Die Sonne, als der Mittelpunkt unsrer Welt, ist ein feuriger Körper, von welchem die Erde und alle übrige Planeten und Kometen Licht und Wärme erhalten. Sie ist um eine Million größer, als unsre Erde, und ihre Entfernung von dieser ist unbegreiflich groß.

Die Sonne hat eine dreyfache Bewegung. Erst geht, oder scheint sie, mit allen übrigen Himmelskörpern, binnen 24 Stunden, von Morgen gegen Abend um die Erde herumzugehen. Man nennt diese Bewegung die gemeine oder tägliche. Dann bemerkt man, daß die Sonne (wie die Planeten) ihre Lage gegen die Firsterne immerzu verändere, und von Abend gegen Morgen vorrücke. Diese Bewegung nennt man die eigene, und, weil sie jedes Jahr von neuem anfängt, die jährliche. Sie vollendet diese Bewegung binnen 365 Tägen, 5 Stunden und 49′ (oder 48′ 47″) Drittens bemerkt man an der Sonne (wie an den Planeten) schwarze Flecken (Maculä solares) welche in einer periodischen und nunmehr bestimmten Zeit anfangen und verschwinden. Man hält dieß für einen Beweis einer dritten Bewegung, vermög welcher sich die Sonne um ihre eigene Achse drehet. Dieß geschieht binnen 25 Tägen und 12 Stunden.

Die

Die Sonne wird niemals verfinstert, sondern dieß geschieht der Erde oder dem Mond. Dieser letztere läuft einen Zirkel, welcher den Zirkel, den die Sonne läuft, zweimal durchschneidet. Befinden sich nun die Sonne und der Mond zugleich in diesen Durchschnittspunkten, und zwar in ebenderselben Hälfte: so stehet der Mond unter der Sonne, so, daß die Erde verfinstert, die Erscheinung selbst aber eine Sonnenfinsterniß genannt wird. Wenn sich hingegen der Mond und die Sonne in den verschiednen Durchschnittspunkten und in entgegengesetzten Hälften befinden: so kömmt zwischen der Sonne und dem Mond unsre Erde zu stehen; diese verhindert also, daß die Sonne den Mond beleuchte, und es entsteht eine Mondsfinsterniß.

7.

Die Planeten.

Die Planeten sind dunkle Körper, wie die Erde und der Mond (welche gleichfalls dahin gehören) und erhalten daher ihren Glanz von der Sonne, um welche sie sich drehen. Sie stehen in einer unnennbaren Tiefe unter den Firsternen, und bedecken dieselben zuweilen.

a) Der unterste unter den Planeten ist der Merkur. Er ist der kleinste unter denselben, und 27mal kleiner, als die Erde. Um die Sonne bewegt er sich binnen 87 Tagen, 23

C 4   Stun-

Stunden, 15′, 32″; aber die Zeit der Bewegung um seine Achse ist noch unbestimmt. Er ist, in seinem mittlern Abstand, 7 Millionen, 317456 Meilen von der Sonne entfernt, und steht dennoch niemals über 28° von derselben ab. Man sieht ihn daher höchstens nur zuweilen des Morgens vor Aufgang, und des Abends nach Untergang der Sonne.

b) Die Venus, welche auch Morgenstern (Lucifer) und der Abendstern (Hesperus) genannt wird, ist der schönste und hellste unter allen Planeten, welche er so merklich an Größe und Klarheit übertrifft, daß man ihn unterweilen, wie den Mond, bei Tage sieht. Sie ist ungefähr ein Drittheil kleiner, als die Erde. Um ihre Achse bewegt sie sich in 23 Stunden, und um die Sonne, von welcher sie 13 Millionen, 670595 Meilen entfernt ist, binnen 224 Tagen, 16 Stunden, 49′ 20″

c) Die Erde, welche wir bewohnen, hat 5400 geographische Meilen im Umfang, und 1720 solche Meilen im Durchmesser. Ihre tägliche Bewegung um ihre Achse, wobei sie sich so geschwind, als eine Kanonenkugel durch die Luft fliegt, drehet, verrichtet sie binnen 23 Stunden, 56′, und ihre jährliche Bewegung um die Sonne, von welcher sie, in ihrem mittlern Abstand, 18 Millionen, 908154 Meilen entfernt ist, binnen 365 Tagen, 5 Stunden, 49′ (oder 48′ 47″) Dieß setzet nämlich die nunmehr fast allgemein angenommene Meynung

nung voraus, daß sich die Erde und nicht die
Sonne, in Absicht auf Tags- und Jahrszeiten
bewege.

Der Mond, dessen mittlerer Abstand von
der Erde 49849 Meilen beträgt, vollendet seine
Laufbahn um diese Erde, deren Trabant er ist,
binnen 27 Tägen, 7 Stunden, 43'. Wenn er
sich zur Sonne am nächsten schwingt, und dieselbe seine hinaufgekehrte Hälfte beleuchtet, die
andere Hälfte aber, welche der Erde zugekehrt
ist, finster läßt, so heißt man dieß Neumond.
Nach diesem Stand entfernet sich der Mond
von der Sonne, so zwar, daß er binnen einer
Woche 90° von ihr absteht. In dieser Lage
wird die uns sichtbare Hälfte halb beleuchtet,
und dieß heißt das erste Viertel oder das Neu-
licht. Der Mond ist wachsend, und streckt seine
Hörner gegen Aufgang. Auch geht er vor der
Sonne auf und unter, und leuchtet vor Mitternacht. Sein Zeichen ist ☽. Während der
zwoten Woche rückt er wieder 90° weiter fort,
so daß er endlich 180° von der Sonne absteht,
welche nun seine ganze uns zugekehrte Hälfte
beleuchtet. Dieß heißt man den Vollmond.
In diesem Stand kömmt er der Erde um 8326
geographische Meilen näher, als in der entgegengesetzten Hälfte. Hierauf nähert er sich der
Sonne wieder, so, daß er am Ende der dritten
Woche 90° von ihr absteht. Der Mond ist
während dem im Abnehmen, und die uns sichtbare Hälfte fängt an, nur halb beleuchtet zu

C 5 werden,

werden. Er geht itzt nach der Sonne auf und
nieder, und scheint nach Mitternacht. Er streckt
die Hörner gegen Abend, und sein Zeichen ist ☾.

d) Der Mars ist fünfmal kleiner, als die
Erde. Sein Licht ist röthlicht, und seine Ge=
stalt am größten, wann er um Mitternacht
durch den Mittagzirkel, oder mit der Sonnen=
untergang aufgeht. Er ist, in seinem mittlern
Abstand, 28 Millionen, 816026 Meilen von
der Sonne entfernt, und erscheint immer klei=
ner, je näher er ihr kömmt. Um seine Achse
bewegt er sich in 1 Tag, 40′, und um die Sonne
in 686 Tägen, 26 Stunden, 27′ 30″.

e) Der Jupiter ist nach der Venus der
ansehnlichste Planet, und übertrifft die übrigen
Sterne ebenfalls an Größe und Klarheit. Er
ist der größte unter allen Planeten, und 1170
mal größer, als die Erde. Seine Bewegung
um die Achse verrichtet er in 19 Stunden, 56′,
und die Bewegung um die Sonne, von welcher
er, in seinem mittlern Abstand, 98 Millionen,
322400 deutsche Meilen entfernt ist, in 4332
Tägen, 12 Stunden, 20′ 25″, das ist, in 11
Jahren, 314 Tägen, 11 Stunden, 21′ 25″.
Seine vier Trabanten oder Satelites, welche
beständig um ihn, als ihrem Mittelpunkt, lau=
fen, machen die nämliche Bewegung.

f) Der Saturn ist nach dem Jupiter der
größte Planet, und 980mal größer, als die
Erde. Er ist von der Sonne, in seinem mitt=
lern Abstand, 180 Millionen, 345971 deutsche
Meilen

Meilen entfernt, und erſcheint daher in einem
ſehr blaſſen Licht, wiewohl noch in einer Gröſ-
ſe, welche den gröſten Fixſternen ähnlich iſt.
Seine Bewegung um die Achſe iſt noch nicht
genau beſtimmt; jene um die Sonne aber vollendet er binnen 10759 Tagen, 6 Stunden,
36′ 26″, das iſt, in 29 Jahren, 267 Tagen,
5 Stunden, 55′ 26″. Er hat 5 Trabanten
oder Monden, die ſich um ihn bewegen.

8.

Die Kometen.

Die Kometen, welche ſich durch den Wie-
derſchein ihres Dunſtkreißes von allen übrigen
Himmelskörpern unterſcheiden, ſind Körper, wie
die Planeten, und nehmen ihren Lauf gleichfalls
um die Sonne, mit dem Unterſchied, daß die
Bewegung der Planeten in einer zirkelförmigen,
die Bewegung der Kometen aber in einer ab-
langen Ovallinie geſchieht. Dieſe Bewegung
iſt deſto geſchwinder, je näher ſie der Sonne
kommen; und da dieß eben der Zeitpunkt iſt,
wo ſie von uns geſehen werden, ſo verlieren ſie
ſich eben darum bald wieder aus unſerm Ge-
ſicht. Die meiſten bleiben nur einige Tage,
oder höchſtens einige Wochen ſichtbar, und es
mögen wohl viele Kometen herabkommen, ohne
uns ſichtbar zu werden. Ihr Lauf iſt ſo ordentlich, daß die wenigen Beobachtungen, welche man mit ihnen angeſtellt hat, hinlänglich
waren,

waren, ihre Ankunft vorherzusagen, und ihren
Lauf zu bestimmen. So hat man den Kometen, welcher 1759 erschien, schon fünfzig Jahre
im voraus angekündigt, und man weis, daß
er alle 76 Jahre wieder sichtbar wird. Ueberhaupt ist diese genaue Bestimmung bereits mit
69 Kometen geschehen.

9.
Von der Atmosphäre.

Ein jeder Himmelskörper ist mit einer At-
mosphäre, oder einem Dunstkreis umgeben,
in welchem derselbe gleichsam schwimmt. Dieser Dunstkreis wird bei der Erde die Luft genannt, und sie ist eigentlich nichts anders, als
ein in die feinsten Theile aufgelöstes Wasser.
Was nun immer geringer ist, als diese Luft,
das steiget so lange in die Höhe, bis es mit
derselben im Gleichgewicht der Schwere steht.
Die unzähligen Düste und Ausdünstungen,
welche ohne Unterlaß emporsteigen, versammeln
sich von Zeit zu Zeit in sichtbare Wolken, die
nach dem Maaß ihrer Schwere tiefer und höher stehen, und endlich immer wieder zurück-
fallen; daher behält die Erde bei den unendlich
vielen Veränderungen und Auflösungen der
Körper immer dasselbige Gleichgewicht.

Eine der allgemeinsten Wirkungen des Luft-
kreißes ist die Stralenbrechung oder die Refraktion der Gestirne, vermög welcher man
sie

sie allzeit höher sieht, als sie sich in der That befinden. Man sieht darum die Sonne und die Sterne, ehe sie wirklich aufgegangen, und sieht sie noch, wann sie schon untergegangen sind. Diese Refraktion ist im Horizont am größten, und nimmt immer ab, je mehr sich ein Himmelskörper dem Zenit nähert, wo sie gänzlich verschwindet. Aus den Ausdünstungen bilden sich ferner in der Luft verschiedne Erscheinungen oder Meteore, von welchen einige die wässerige, als z. B. der Regen, andere emphatische, als z. B. die Nordlichter, andere endlich, als z. B. der Blitz, die feurigen genannt werden.

Wenn die wässerigen Dünste, welche sich beständig in der Luft befinden, sichtbar werden, und so schwer sind, daß sie auf der Erde liegen, oder um Berge herumziehen, so heissen sie Nebel; Wolken aber heissen sie, wann sie nach der Höhe ziehen. Diese Wolken zeigen sich in verschiednen Gestalten, und je nachdem sie von der Sonne beschienen werden, in verschiednen Farben. So ist auch ihre Höhe, da sie von ihrer Schwere abhängt, sehr ungleich. Man hat sie manchmal über eine Meile hoch gefunden; gewöhnlich aber sind sie niedriger, und zumal im Winter kaum etliche tausend Schuh hoch. Wenn es nun aber geschieht, daß durch eine immer zunehmende Verdickung die Dünste schwerer, dann die Luft, und alle Verhältnisse des wechselseitigen Gleichgewichts gehoben werden,

den, so fallen jene in verschiednen Gestalten
herab. Die kleinen Dunstbläschen ballen sich
zusamm, nehmen im Herunterfallen immer
neue Dünste mit, und kommen als Regen=
tropfen auf die Erde. Da die obere Luft, auch
im Sommer, meist sehr kalt ist, so verwandeln
sich die wässerigen Dünste fast immer erst in
Schnee, welcher dann auch auf hohen Gebir=
gen liegen bleibt, und, wann auch die untere
Luft kalt ist, welches im Winter geschieht, die
Erdenfläche bedecket. Im Sommer schmelzen
diese Schneeflocken manchmal in Hagel zu=
samm.

Ein **Regenbogen** entsteht durch die ver=
schiedne und regelmäßige Brechung der Licht=
stralen im Wasser, und ist demjenigen sichtbar,
der zwischen der Sonne und den Wassertropfen
steht. Man sieht zuweilen zween Regenbogen
übereinander. Beede haben einerlei Mittel=
punkt; aber die Farben sind in umgekehrter
Ordnung. Es gibt auch Mondenregenbogen,
worinn man die lichten Streifen sehr deutlich,
und nur die Farben nicht erkennen kann. Zu=
weilen bilden sich die Dünste kleinere und grö=
ßere Kreiße, so wohl um die Sonne, als um
den Mond, die manchmal schwache Farben zei=
gen, und öfters einige lichte runde Scheiben
bilden, die man Nebensonnen und Neben=
monden heißt. Die kleinen Ringe aber werden
Höfe genannt. Die Sonne und der Mond
befinden sich bei diesen letztern Ringen nicht

genau

genau im Mittelpunkt derſelben. Die ſogenannten Sternpußer oder Sternſchießer ſind,
wie die feurigen Männer oder Irrlichter, feurige
Drachen u. a. m. nichts als Dünſte, die ſich
in der Luft entzünden, und ſich bald wieder
ausbrennen; die Nordlichter, welche in ſehr
nördlichen Ländern gewöhnlich geſehen werden, ſtehen, unter allen Lufterſcheinungen, am
höchſten.

10.
Von der Erde und ihren Ausmeſſun-
gen insbeſondere.

Daß die Erde keine bloße Fläche ſey, er-
weiſen die täglichen Erfahrungen. Wenn man
nämlich von Norden nach Süden reiſet, ſo er-
heben ſich die ſüdlichen Sterne am Horizont,
und die nördlichen ſenken ſich. Das Gegentheil
geſchieht, wenn man von Süden nach Norden
reiſet, und man ſieht es deutlich an den Polar-
ſternen, welche um einen Grad über den Horizont erhoben werden, ſo oft man 15 geographiſche Meilen näher nach den Polen kömmt.
Reiſet man unter der Linie 15 Grad von Weſten nach Oſten, ſo findet man auch, daß die
Sonne und die Sterne eine Stunde früher auf-
gehen, als an dem Ort, von welchem man ab-
gereiſet iſt u. ſ. w.

Auch lehren wiederholte Erfahrungen, daß
die Erde, durch den Aequator gemeſſen, dicker,
und

und folglich höher sey, als unter den Polen,
wo sie niedriger ist. Gemäß den neuesten Un-
tersuchungen macht dieser Unterschied etwas
über 10 geographische Meilen aus.

Der Umfang der Erde im Aequator wird,
da dieser 360 Grade, und jeder Grad 15 deutsche oder geographische Meilen enthält, auf
5400 Meilen gerechnet. Der Durchmesser
der Erde, oder die gerade Linie, welche von
einem Punkt der Oberfläche zum entgegenste-
henden durch den Mittelpunkt gezogen wird,
und die größte Dicke einer Kugel anzeigt, verhält sich, wie bei einem jeden Zirkel, zum Umfang desselben, wie 314 zu 100, und beträgt
folglich ungefähr 1720 (andere rechnen mehr
und weniger, so, daß die Mittelzahl 1718$\frac{1}{4}\frac{3}{7}\frac{7}{2}$
ausmacht) der halbe aber, oder bis auf den
Mittelpunkt der Erde, 860 geographische Meilen. Wenn man mit diesem ganzen Durchmesser die Peripherie oder den Umfang multiplicirt,
so erhält man den Flächeninhalt, das ist, man
weis, wie viele Quadratmeilen der Körper auf
seiner Oberfläche hat. Die Oberfläche der Erde
hat folglich 9 Millionen, 288000 Quadratmeilen.

Es ist aber eine Quadratmeile ein vier-
eckigter Raum, dessen Seiten in der Länge und
Breite auf eine geographische oder deutsche
Meile sich erstrecken. Eine deutsche Meile beträgt 1972 rheinländische Ruthen, oder 23664
rheinl. Fuß oder 4000 geometrische Schritte.

Ein

Ein geometrischer Schritt enthält 5 geometrische
Schuhe; ein gemeiner nur 3; ein geometrischer
Schuh oder Fuß 12 Zoll, und ein Zoll oder
Daum ist die Breite eines Mannsdaumens. —
Eine französische Meile hält 2000 geometrische Schritte, eine spanische 1500, eine polnische 3000, eine persische Parasauga 3000,
eine moscowitische Wörste 750, ein Roß-
lauf oder Stadium 125 geometrische Schritte. — Eine Quadratruthe enthält 100 Qua-
dratfüße, das ist, 100 kleinere Quadrate, deren jedes einen Fuß lang und breit ist. Ein
Quadratfuß enthält wieder 100 Quadratzolle,
das ist, 100 kleinere Quadrate, deren jedes einen Zoll lang und breit ist. Ein Stück Landes,
welches 180 rheinländische Quadratruthen hält,
heißt ein Morgen, und ein Stück Landes von
30 Morgen eine Hufe.

Eine Kubicmeile ist eine Masse, welche
eine Meile in der Länge, Breite nnd Tiefe hat,
und mithin den ganzen körperlichen Inhalt
mißt. Wenn man den körperlichen Inhalt
oder das Kubicmaaß einer Kugel wissen will,
so multiplicirt man mit dem halben Durchmeß-
ser ein Drittheil ihres Flächeninhalts. Da
nun bei der Erde der halbe Durchmesser 860
deutsche Meilen, und der Drittheil der Qua-
dratenfläche 3 Millionen, 96000 Meilen macht:
so beträgt dieß im Kubicmaaß 2662 Millionen,
560000 geographische Kubicmeilen.

D   Die

Die ganze Erde, von deſſen Oberfläche das Waſſer etwa ⅔ einnimmt, iſt mit ungeheuern Behältniſſen, worinn ſich Luft, gewaltige Seen und Feuer befinden, erfüllt und ausgehölt. Dieſes letztere brennt beſtändig fort, und verurſacht manchmal, zumal, wenn große unterirdiſche Flüſſe oder Seen, deren Grund das Feuer ausgebrannt hat, plötzlich hinabſtürzen, ſchreckliche Erſchütterungen. Auch iſt die Erde allenthalben mit Bergen durchſchnitten, welche theils zu ihrem Zuſammenhang, theils zu ihrer Befruchtung beitragen. Einige haben auf ihren Höhen große und fruchtbare Flächen, andere entgegen endigen ſich in ſteile Klippen, welche ganz kahl ſind; ſo ſind die Berge in Helvetiens erhabenſtem Theile, und die ganze 188 geographiſche Meilen lange Reihe der Gebirge, Alpes genannt, welche Italien von Deutſchland, Helvetien und Frankreich abſondern, beſchaffen. Die Berge zwiſchen den Wendezirkeln ſind höher, als die in gemäßigten Erdſtrichen, und dieſe ſind wieder höher, als die Berge in den kalten Erdgürteln. Ueberhaupt enthalten ſie Mineralien, ſammeln Flüſſe, und erwärmen und beſchützen die Erde, und geben den nächſten Erdſtrichen ihr zufälliges Klima. Indeß ſteht dieſes, ſo wie Luft und Witterung, nicht ſelten in der Macht des Menſchen. Indem er Wälder ausreutet und Sümpfe austrocknet: ſo wird ein heiterer Himmel über ihm; Näſſe und Nebel verlieren ſich, die Winde werden

ſanf-

ſanfter und kürzer, und die Flüſſe frieren nicht
mehr zu.

Auf dem Erdboden wohnen beiläufig 1000
Millionen Menſchen, da doch wenigſt dreymal
ſo viele bequem und glücklich, wie eine einzige
Familie leben könnten. Wenn man als die
Summe der bewohnten und bekannten Länder ¼
der Erdfläche, oder 2 Millionen, 322000 Quadratmeilen (denn ⅔ nimmt das Waſſer ein, und
wenigſt $\frac{1}{12}$ iſt noch nicht bewohnt oder nicht bekannt genug) anſetzt, und dieſe unter die tauſend Millionen Menſchen austheilt, ſo erhalten
jegliche tauſend Seelen einen Raum von zwoen
Quadratmeilen. Ungeachtet nun eine einzige
Quadratmeile als hinlänglich gehalten wird,
bei ſechstauſend Menſchen zu nähren: ſo nimmt
man doch die Zahl von 1000 Seelen auf 2
Quadratmeilen, als das Mittelmaaß an, nach
welchem man die größere oder kleinere Bevölkerung eines Landes beurtheilt: z. B. Europa
enthält 160000 Quadratmeilen, und 157 Millionen Seelen. Wenn man mit dieſen jene dividirt, ſo kommen jede 2 Quadratmeilen 1962
Seelen; folglich iſt Europa weit mehr als mit-
telmäßig bevölkert.

Die Bevölkerung eines Landes hängt theils
von natürlichen, theils von politiſchen Urſachen
ab. Um den gegenwärtigen Zuſtand derſelben
zu erforſchen, bedient man ſich (außer der
wirklichen Zählung der Perſonen, wenn anders dieſe bis zur Zuverläßigkeit möglich iſt)

der

und Amerika, ſind ſchwarz. Dieſe halten darum die weiße Farbe für häßlich, und malen
häßliche Gegenſtände weiß. Jedes Volk hat
ſeine beſondere Sitten, beſondere Gewohnhei-
ten und Geſetze; doch haben alle Einen und
ebendenſelben Endzweck, durch die wechſelſeitige
Mittheilung nützlicher Kenntniſſe, und guter
Gefühle und Geſinnungen, einander glücklich
zu machen.

II.
Von der Zeitrechnung.

a) Man hat zwiſchen dem **natürlichen**
oder **bürgerlichen**, und dem **aſtronomiſchen**
Tag einen Unterſchied eingeführt. Jener nimmt
ſeinen Anfang oder Epoche um **Mitternacht,**
und beſteht aus 24 Stunden, deren 12 man
von Mitternacht bis Mittag, und die andern
von Mittag bis wieder Mitternacht zählt. Der
aſtronomiſche Tag aber nimmt ſeinen Anfang
um Mittag, und beſteht aus 24 Stunden,
welche man in einer Reihe fortzählt.

b) Der babyloniſche Tag beſteht aus 24
Stunden, welche man bei dem Aufgang der
Sonne zu zählen anfängt, und in einer Reihe
fortzählt. Eben ſo zählen auch die Italiener,
außer, daß ſie ihren Tag bei Sonnenuntergang
anfangen.

Geſetzt alſo, es ſey bei uns der 21ſte März
(wo die Sonne um 6 Uhr aufgeht) und Mit-

D 3   tags-

tagszeit; sohin wird es bei den Babyloniern
6 Uhr, bey den Italienern 18 Uhr seyn. Wenn
die bürgerlichen Stunden Nachmittagsstunden
sind, so kommen sie mit den astronomischen
überein. Es sey 4 Uhr Nachmittag: so wird
es auch astronomisch dieselbe Stunde seyn.
Sind aber die bürgerlichen Stunden vormit-
tägige: so muß man diese Stunden zu 12 hinzusetzen, und dann erhält man die astronomische
Stunde des vorhergehenden Tags. Es sey z. B.
bey uns 4 Uhr Morgens, und der 21ste März,
so wird es, astronomisch gesagt, sechszehn Uhr
des 20sten Märzens seyn. So darf man nur
umgekehrt verfahren, wenn man die astronomischen Stunden in bürgerliche verwandeln will;
denn die Nachmittagsstunden treffen immer zusamm, und bey den Vormittagsstunden darf
man nur 12 Stunden wegnehmen, so erhält
man die bürgerlichen Stunden, aber des folgenden Tags. Man fände z. B. im Kalender,
es werde den 20sten März um 16 Uhr eine gewisse Himmelsbegebenheit vorfallen, so geschähe
dieß, nach unsrer bürgerlichen Tagsrechnung,
den 21sten März um 4 Uhr Morgens.

c) Die Sonne durchläuft den Zodiacus
binnen 365 Tagen, 5 Stunden und 49', und
diese ist auch die Länge des tropischen oder des
Sonnenjahrs. Da ferner die Sonne binnen
einem Jahre zwölf Himmelszeichen oder 360°
durchgeht: so macht dieß jeden Tag 59' 8'',
und jede Stunde 2' 28'', so, daß der Son-
nen-

nenmonat 30 Tâge, 10 Stunden, 29′ und 10″
lang iſt, und mithin das aſtronomiſche Jahr
um 5 Stunden, 49′ lánger iſt, dann das bûr-
gerliche. Dem zu Folge mûßten ſich nach 370
Jahren alle Jahrzeiten verándern, und ſpáter
hinaus fallen; denn, wenn z. B. dieſes Jahr
der Frûhling den 21ſten Mârz ſeinen Anfang
nimmt, ſo wird dieß im folgenden Jahre um
5 Stunden 49′, im zweyten Jahr um 11 Stunden 38′, und im vierten Jahr um 23 Stunden
16′ ſpáter geſchehen, und in 370 Jahren wûrde
die Frûhlingszeit faſt um 90 Tâge ſpáter kommen, ſo, daß wir im Mârz den Winter, im
Junius den Frûhling, im September den Sommer, und im December den Herbſt anfangen
wûrden.

d) Man hat demnach, um dieſer Verwir-
rung abzuhelfen, die Sache ſo eingerichtet, daß
man drey Jahre nacheinander allemal nur 365
Tâge, das vierte Jahr aber 366 záhlte, und
dieſes Jahr ein Schaltjahr, den Tag aber,
welchen man zwiſchen dem 24 und 25 Hornung
einſchaltete, einen Schalttag nannte. Dieſe
Einrichtung hat Julius Câſar gemacht, und
es wûrde auch vermôg derſelben aller Unord-
nung geſteuert geweſen ſeyn, wenn das Sonnenjahr, wie er geglaubt haben muß, 365 Tâge
und volle 6 Stunden lang wâre ; allein das
Sonnenjahr beſteht aus 365 Tâgen, 5 Stunden und 49′, welches binnen 100 Jahren beinahe einen ganzen Tâg ausmacht, um welchen

D 4 bei

bei jener Beobachtung des Schaltjahrs der
Frühling nunmehr zurückgehen, und früher
einfallen würde; denn nunmehr fällt der Früh=
ling den 21 März, und wenn man drey Jahre
fort 365 Tage zählt: so geht der Frühlingsan=
fang jedes Jahr um 5 Stunden 49', und in
4 Jahren um 23 St. 16' fort. Wenn man
nun diese 23 St. 16', an welchen zu einem
ganzen Tag noch 44' abgehen, gleichwohl für
einen ganzen Tag gelten läßt, und ein Schalt=
jahr von 366 Tagen zählet: so geht der Früh=
lingsanfang diesen Augenblick um 44' zurück;
und da in jedem Jahrhundert 25 solche Schalt=
jahre sind, und in jedem ein Fehler von 44' be=
gangen wird: so macht dieß in einem Jahrhun=
dert 18 Stunden 20'. Binnen 2000 Jahren
würde sich dieser Verstoß auf 15 Tage, 12 St.
40', und binnen 4000 Jahren auf einen gan=
zen Monat belaufen, um welchen der wahre
Frühlingsanfang eher einfallen würde. Indeß
hat man jene Zeitrechnung des Cäsars bis 1582
beibehalten, wo dann der Fehler merklicher zu
werden anfieng, indem der wahre Anfang des
Frühlings beinahe um 10 Tage früher, als
man damals rechnete, eingefallen war.

Man hat also im Jahr 1582 unter Pabst
Gregorius dem XIII eine Verbesserung, welche
im Jahr 1600 das ganze Europa annahm,
vorgenommen. Man zählte nämlich nach dem
4ten October sogleich den 15ten, und beschloß,
daß künftig das dreyhunderte Jahr (das hunderte
Jahr

Jahr war nach der Zeitrechnung des Cäsars
stets ein Schaltjahr) nicht mehr Schalt= son=
dern gemeine, und nur das darauf folgende
vierhunderte wieder ein Schaltjahr seyn sollte.
Jene Schaltjahre aber, welche nach jedem vier=
ten Jahre einfallen, sollten, wie zuvor, ihren
Fortgang haben.

12.
Von den Landkarten.

A) Landkarten sind Theile des allgemeinen
Globi, oder Entwürfe besondrer Erdstriche.
Am obern Rand liegt Nord, am untern Sü=
den, am rechten Ost, am linken West. Die
zween Seitenränder zur Rechten und Linken
bedeuten den Meridian, und zeigen mithin die
Breite der Oerter an. Man darf also nur von
dem Ort aus, dessen Breite man wissen will,
auf den nächsten Strich, und von diesem auf
den Seitenrand hinaussehen, so weis man die
Breite des Orts. Wenn auf den Karten, welche
kleinere Länder vorstellen, zweyerlei Ziffern auf
dem Rande stehen, so bedeuten die größern die
Grade, die kleinern aber Minuten, deren jede
allzeit eine Viertelmeile ausmacht.

Der obere und untere Rand bedeuten den
Aequator. Man darf also nur mit dem Strich,
welcher einem Ort am nächsten liegt, hinauf
oder herab an dem Rand fahren, so kömmt
man auf den Grad der Länge.

D 5 Die

Die Flüsse werden durch Linien, und bei den größern der Lauf derselben durch den Spitz eines Pfeils angedeutet.

Die Grenzen eines Lands oder Gebiets werden durch kleine Punkte, welche auch illuminirt werden können, angezeigt.

Wenn auf der Karte ein Kompas, nämlich ein Ring in einem Kreuz durchschnitten, und in dessen Mitte ein Lilienpfeil sich befindet, so steht der Spitz desselben nach Norden.

In einer Ecke der Karte steht die Scala Milliarium, oder das Maaß der Meilen. Dieser Maaßstab ist in hundert und mehrere Theile getheilt. Diese Theile bedeuten Meilen, es seyen hernach deutsche, welsche, oder andere, welches schon allemal angezeigt ist. Wenn man also wissen will, wie viele Meilen zween Oerter auf der Karte voneinander entfernt sind: so nimmt man mit einem Zirkel aus der Scala die Weite von 10 oder mehrern Meilen; hernach setzt man einen Zirkelfuß an das einte Ort, und mit dem andern Fuß geht man umwechselnd gerade dem Ort zu, und so oft man den Zirkel niedersetzt, zählt man allemal die Grade, welche die Oeffnung des Zirkels enthält. Auch kann man an beede Oerter ein Lineal setzen, und den Abschnitt an die Scala bringen.

Sollte aber auf der Karte keine Scala vorhanden seyn: so nehme man auf dem Seitenrand vermittels eines Zirkels die Weite eines Grads. Diese Weite enthält 15 deutsche Meilen.

ken. Theilt man nun dieſe in 3 Theile ab, ſo
hat jeder davon 5 Meilen; und wenn man ei=
nen ſolchen Theil ferner in 5 Theile abtheilt,
ſo hat man ſich eine Scala gemacht.

Ueberhaupt wird die Erde in Land und
Waſſer eingetheilt, und man nennt

Feſtes Land, Continens, ein Land, das
von andern Ländern auf keiner Seite durch ein
Waſſer abgeſondert wird.

Eine Inſel, Eyland, Holm, ein Land,
das mit Waſſer umgeben iſt.

Halbinſel, wenn das Land an einem Ort
zuſammhängt.

Land= oder Erdenge, ein Land zwiſchen
zwey Meeren.

Küſte oder Seekante, die Ecke eines Lands
am Meer.

Strand, Ufer, Bord, iſt das niedrig=
flache Land nächſt dem Meer.

Vorgebirg, Kapo, ein Gebirg, das in
die See hineingeht.

Das Meerwaſſer nimmt den größten Theil
der Erde ein, iſt ſalzicht, und hat Ebbe und
Flut. Der Grund des Meeres iſt, wie das
feſte Land beſchaffen, und iſt nichts, als eine
Fortſetzung deſſelben: denn es giebt im Meer
Berge, Felſen, Hölen, Ebnen, Sandbänke,
allerlei Arten von Erden und Steinen, Quel=
len und Flüſſen, Gewächſen und Thieren. Auch
bewegt ſich das Meer unaufhörlich von Mor=
gen nach Abend, wovon die Ebbe und Flut
eine

eine besondere Art dieser allgemeinen Bewegung
ist, indem das Wasser, wie man an den Küsten bemerkt, alle 24 Stunden zweymal steigt
und fällt. Sechs Stunden lang wird das
Wasser allmählig höher, welches man die Zeit
der Flut nennt; dann bleibt es ungefähr eine
Viertelstund in einiger Ruhe, worauf es sechs
Stunden lang wieder abnimmt, welches man
die Ebbe nennt, und dann nach einer viertelstündigen Ruhe wieder anfängt.

Ein Meerbusen, Sinus, Golfo, ist ein
großer Bug des Meeres ins Land.

Bayen sind kleine Meerbusen.

Buchten sind kleinere Bayen.

Meerenge, Sund, Bosphorus, ist ein
Meer zwischen zwey Ländern.

Das Meer selbst hat verschiedene Namen.
Das große Gewässer, welches alle Erdtheile
ringsumher einschließt, wird insgemein Oceanus oder das Weltmeer genannt; besondere
Theile desselben heissen Meere, Maria. Mittelländische Meere werden diejenigen genannt,
welche am tiefsten ins Land dringen; Archipelagi heissen Gegenden, wo viele Inseln beysammliegen.

See, Lacus, bedeutet ein stehendes Wasser mit Land umgeben.

Stagnum, ein kleiner See.

Fluvius, ein Fluß, der an manchem Ort
seich: ist.

Flumen,

Flumen, ein breiter Strom, der unver-
ändert in seiner Gegend bleibt.

Amnis, ein Fluß, der sich in Krümmun-
gen schlängelt.

Torrens, ein reissender Bach, der vom
Regenwasser schwillt, und im Sommer gemei-
niglich austrocknet.

Rivus, ein Bach.

Mündung, Ostium, der Ort, wo der
Fluß in einen andern sich ergießt.

Der Timpel, eine grundlose Tiefe.

Die Furth, ein seichter Ort.

B) Von den baierischen Landkarten.

Landkarten vom alten Baierland findet man

a) In den Annalen Ecclesiæ Sabionen-
sis, nunc Brixiensis &c. vom Joseph Resch,
Tom. I. p. 324, unter der Aufschrift: Rhætiæ,
Vindeliciæ & Norici, ævo Romanorum
pro primis quinque a Christo nato sæculis.

b) Im Chronico Gottwicensi parte 2da.

c) In dem Buch: Vindiciæ arboris ge-
nealogicæ augustæ gentis Carolino-boicæ.
Monachii MDCCXXX. p. 165, unter dem
Titel: Priscæ Bojoariæ Explicatio per Nu-
meros in Charta geographica hinc inde
sparsos, facta in Solatium lectoris, cui forte
antiqua Nomina ignota, vel authores ad
Manum non sunt.

Die erste baierische Landkarte von spätern
Zeiten hat der berühmte Johann Thurnmair
oder

ober Aventin im Jahr 1533 zu Landshut her-
ausgegeben, und den dreyen Söhnen Herzogs
Alberts des Weisen zugeeignet: Clariſſimis
ac optumis Principibus Vilelmio, Litavico,
atque Arioniſto, Fratribus germanis, Præ-
fectis Prætorio Rhenano &c. In den erſten
Ausgaben des Theatri Abrah. Ortelii findet
man diese Charte ebenfalls. Die Mängel,
welche in der Versetzung alter Ortschaften eini-
gemal darinn vorkommen, ſind bekannt. So
hat z. B. Aventin das Auguſta Vindelico-
rum nach Wolfrazhauſen verſetzt ꝛc.

Eine weit vollſtändigere Charte gab Philipp Appianus, Profeſſor der Mathes zu
Ingolſtadt, auf Befehl Herzogs Alberts V
heraus. Er reiſete zu dieſem Ende, von der
großmüthigſten Unterſtützung des Landesherrn
aufgemuntert, viele Jahre in Baiern herum,
und lieferte die erſte Charte in einem Original,
das 16½ Schuh in der Breite, und noch etwas
mehr in der Höhe hielt. Dieſem folgte im Jahr
1561 eine kleinere, und im Jahr 1568 eine
größere Charte, welche in 24 Stücken beſteht.

Bald hernach gab Petrus Weinerus von
Waradin eine Charte von Baierland in groſ-
ſem Format heraus, welche er ebenfalls dem
Herzog Albert dedicirte. Sie iſt eine verbeſ-
ſerte Kopie der appianiſchen Charten, wie ſie
dann ebenfalls aus 24 Blatten beſteht, deren
Originale hier in München noch vorhanden
ſind.

Nun

Nun folgten verschiedene sogenannte Atlas.
Vischer hat das Baierland in die Aemter ab=
getheilt; so hat auch Homann Joh. Bapt.
in Nürnberg daselbe in vier Charten seinem
Atlas einverleibt.   Und so haben die übrigen,
als Sanson, die Blavvii, Fried. de Wit,
Pet. Schenck, Mathias Seutter u. a. m.
willkürliche Unterabtheilungen vorgenommen.

Im kleinern Format, oder auch in Hand=
zeichnungen sind verschiedene Chärtlein erschie=
nen. Dominikus Franz Calini de S. Cruce
aus der Grafschaft Görz hat eine baierische
Landtafel mit der Feder auf Pergament gezeich=
net, und selbe Maximilian I. dedicirt. Sie wird
zu München in der kurfürstl. Bibliothek aufbe=
wahrt. Jos. Fried. Leopold von Augsburg
hat dem Kurfürst Max. Emanuel ein Chärt=
lein dedicirt, das die Aufschrift führt: Elécto-
ratûs Bavariæ compendiosa & accurata
delineatio.

Eine niedliche Charte enthält die Topogra-
phia Bavariæ, oder Beschreibung und ei=
gentliche Abbildung der vornehmsten Städt
und Orth in Ober= und Niederbeyern, der
obern Pfalz,   und andern zum hochlöbl.
Bayrischen Kraise gehörigen Landschafften;
zum Druck gegeben, und verlegt durch Mat=
thäum Merian MDCXLIV.

Eine kleinere Charte findet man in dem
churbairischen Atlas ꝛc. vom Ant. Guiliel=
mo Ertl ꝛc. MDCLXXXVII.

Im

Im Jahr 1684 erschien die Charte vom
Georg Phil. Fink, welche in 28 Tafeln ver-
faßt, und dem Churf. Max. Emanuel dedicirt
ist. In dieser Finkischen Charte ist die appia-
nische verbessert, indem darinn auch die Oberpfalz angebracht, eine Menge neue Ortschaften hinzugesetzt, und am Ende ein sehr nützliches
Register angeheftet ist.

Das folgende Jahr erschien: Tabellen-
büchlein über die sämmtliche denen bayeri-
schen Craiß-Ständen zugehörige Territoria
durch den churbayrischen Hofraths Secre-
tarium Georg Philipp Fink, München 1685,
worinn wieder eine kleine Charte von Chur-
baiern zu sehen ist.

In dem kostbaren und weitläuftigen Werk:
Historico - topographica descriptio &c. vom
Michael Wening, churf. Portier und Kupfer-
stecher. München MDCCl befindet sich ebenfalls eine etwas größere Charte.

So richtig und vollständig nun diese Charten in Benennungen der Oerter immer seyn
mochten: so hatten sie doch, indem sie sich die
appianischen Charten gewöhnlich zum Muster
nahmen, einige wesentliche Mängel beibehalten, indem sie die geographischen Längen und
Breiten fast durchgehends fehlerhaft angaben,
und einer dem andern nachschrieb. Die Breite
von München, welche 48° 10′ beträgt, wurde
48° 2′, wo also der Fehler 2 deutsche Meilen
beträgt, angegeben. Augsburg liegt in der
Breite

Breite von 48° 23′ 35″; Ingolstadt 48° 46′;
Regensburg 48° 59′. Das erste wird in den
ältern Karten mit 48° 18′, das zweyte mit 48°
42′, das dritte mit 48° 56′ bemerket.

Diesen wichtigen Unrichtigkeiten, welche
von den Gelehrten bei allen Gelegenheiten ge-
rügt wurden, hat die Akademie der Wissen-
schaften zu München abgeholfen, indem sie im
Jahr 1766 eine verbesserte Charte veranstaltete,
welche die Aufschrift führt: Ducatus Bajoa-
riæ universæ atque superioris Palatinatus
Delineatio ad justas Projectionis Stereo-
graphicæ Regulas iussu Academiæ Scien-
tiarum Boicæ revocata. Stylo T. CONR.
LOTTERI, Geogr. Aug. Vind.

§. II.
Asien, Afrika, Amerika.

A) Asien (Asia) liegt zwischen dem Aequator und dem 78° nördlicher Breite;
die Halbinseln, und dazu gehörigen ganzen Inseln, liegen südwärts unter dem Aequator auf
10 und mehrere Gräde.

Die Grenzen sind im Norden das Eismeer mit Kooksstraße; im Osten das chinesische oder das stille Meer, wodurch es von Amerika abgesondert wird; im Süden das india-
nische und persische Meer; im Westen der ara-
bische Meerbusen, Afrika; womit es durch die
Land-

Landenge bei Sues zuſammhängt, das mittelländiſche Meer, der Archipel, die Straße der
Dardanellen, das Mare di Marmora, die Meerenge von Konſtantinopel, das ſchwarze Meer,
die Straße von Kaska, das aſſowiſche Meer,
und das europäiſche Rußland.

Die Länge wird über 1500, die Breite auf
1200 Meilen, und der Flächeninhalt auf 641000
Quadratmeilen und drüber gerechnet.

Man kann Aſien in ſechs Haupttheilen
betrachten.

1) Die große Tartarei gegen Norden.

2) Die aſiatiſche Türkei gegen Abend.

3) Das Königreich Perſien zur Rechten.

4) Das chineſiſche Reich gegen Oſten.

5) Das eigentliche Oſtindien gegen Mittag.

6) Die Inſeln.

1) Die große Tartarei wird a)
in die rußiſche, b) in die freye, und c) in
die chineſiſche abgetheilt.

a) Die rußiſche Tartarei liegt beiläufig
zwiſchen dem 56 und 75° nördlicher Breite;
grenzt gegen Norden an das Eismeer, gegen
Oſten an das Meer zwiſchen Aſien und Amerika, gegen Süden an die freye und chineſiſche
Tartarei, gegen Weſten an das europäiſche Rußland. In dieſer rußiſchen Tartarei ſind drey
Königreiche, nämlich

1) Si-

1) Sibirien, welches gegen Norden liegt, über 800 Meilen lang, und über 300 breit iſt. Es beſteht aus 5 Provinzen, wo a) Tobolski, die Hauptſtadt, b) die Halbinſel Kamtſchaka gegen Oſten, und die entfernteſten Provinzen Rußlands.

2) Kaſan, wo die Hauptſtadt dieſes Namens gegen Süden, und

3) Aſtrakan, wo die Hauptſtadt dieſes Namens in der Wolga auf einer Inſel liegt.

Unter den Gewäſſern iſt das Eismeer, die Meerenge Weygats, das kaſpiſche Meer, der See Baikal nebſt verſchiednen Flüſſen, als Wolga, Jaik, Oby ꝛc. zu merken.

b) Die freye Tartarei, welchen Name ſie führt, weil ſie von den benachbarten großen Mächten, Rußland, China, Perſien und Türkei, unabhängig iſt, liegt zwiſchen dem 35 und 58° nördlicher Breite; grenzt gegen Weſten an das kaſpiſche Meer, Aſtrahan und Kaſan, gegen Norden an die rußiſche Tartarei, gegen Oſten an die chineſiſche Tartarei, und gegen Süden an Oſtindien, und beträgt von Oſten gegen Weſten 1000, und von Süden gegen Norden 350 deutſche Meilen. Dieſe freye Tartarei hat 2 Haupttheile.

1) Im öſtlichen Theile liegen die Länder des Khan-Taiſcha, in welchen gegen Norden das Gebiet der Kalmuken, die kleine Bukarei ꝛc. gegen Süden, außer vielen andern, die Königreiche Groß- und Kleintibet, die Gebirge

E 2　　　　Imau-

Imaus und Powtala im Lande Boutan, wo der Sitz des Dalai Lama, oder des Priesters der Wüsten ist.

2) Im westlichen Theile liegt jenseits des kaspischen Meers (in Rücksicht Europa) im Usbeckerland die Stadt Samarcand, welche die Residenzstadt des Timur-Begs oder Tamurlans gewesen; ferner Baktriana, wo viele Königreiche und Provinzen — dießseits des kaspischen Meers liegen die kleine Tartarei in Asia, wo das Gebiet des krimmischen Khans, dann die cubanischen Tartarn, nebst den freyen Nationen auf dem Gebirg Caucasus.

c) Die chinesische Tartarei, welche darum so genannt wird, weil sie mit China vereinigt ist (sie wird auch das Land der Mungle Mondschu, oder die mongolische Tartarei genannt) liegt zwischen dem 38 und 50° nördlicher Breite, grenzt gegen Norden an die rußische Tartarei, gegen Osten an das japonische Meer, gegen Süden an China, und gegen Westen an die freye Tartarei. Man kann die chinesische Tartarei für vier Haupttheile ansehen, und diese sind 1) die östlichen Munguln; 2) die westlichen Munguln, wo die sandichte Wüste Lop, welche an 400 Meilen lang, und an einigen Orten über 30 breit ist; 3) die Länder, welche die Kalmuken verloren haben; 4) die große Halbinsel, oder das Königreich Korea. Unter den vielen Flüssen ist der Fluß Yamur oder Saghalien Ula der beträchtlichste.

2) Die

2) Die asiatische Türkei enthält sechs Hauptprovinzen, nämlich a) Kleinasien, b) Georgien, c) Armenien, d) Mesopotamien, e) Syrien, f) Arabien.

a) Kleinasien (auch Anadoli, Natolien, oder das Morgenland, die Levante) liegt zwischen dem schwarzen und mittelländischen Meer, und die Hauptörter sind 1) die Stadt Kursa, dann 2) Smirna, wo ein berühmter Seehafen. Im eigentlichen Natolien liegen ferner Angora oder Ancyra, Sinob oder Sinöpe, die asiatischen Dardanellen, oder Sestos und Abydos am Hellespont, welchen gegenüber in Europa zwey andere Schlösser errichtet sind. Das alte Sestos lag in Europa, und war einst die Hauptstadt des Chersonesus. Man sieht hier den Berg Ida, wo die Flüsse Simois und Skamander, dann das Vorgebirg Sigeum, und endlich die Trümmer der berühmten Stadt Troja. Im mittelländischen Meer liegen die Inseln Rhodus und Cypern, wo die Städte Famagosta und Paphos.

b) Georgien, wo ehmals Colchis, Iberien und Albanien waren, liegt auf und an dem Gebirge Caucasus; enthält viele Fürstenthümer; die Hauptstadt heißt Tifflis.

c) Armenien (welches zum Unterschied vom persischen am Obereuphrat, das türkische, ferner Turkomanien genannt wird.) Darinn liegt Kars, Erivan.

E 3   d) Me=

d) Meſopotamien, oder Diarbekir, gehörte ehmals theils zu Babylon oder Chaldäa, wo die Stadt Babylon lag, theils zu
Aſſyrien, wo Ninive die Hauptſtadt war;
itzt liegt Bagdad darinn.

e) Syrien, oder Sorien, enthielt die
Städte Antiochia, Laodicea, Sydon und
Tyrus, wie auch das gelobte Land Palläſtina
zwiſchen dem mittelländiſchen Meer und dem
Jordan; darinn liegen itzt Aleppo, Tripolis,
Damas, Jeruſalem.

f) Arabien iſt eine Halbinſel von dreyen
Theilen. 1) Im ſteinigten Arabien liegen
Hadſchar und die Berge Sinai und Horeb;
2) im wüſten Arabien iſt Ana die Hauptſtadt;
3) im glücklichen Arabien liegen Medina,
Mecca, Mocha, und Aden mit einem Hafen.

3) Perſien liegt zwiſchen dem 30 und
40° nördlicher Breite, enthält in der Größe
von Weſten gegen Oſten 400, und von Süden gegen Norden 300 Meilen, und grenzt gegen Norden an das kaſpiſche Meer, an die ruſ
ſiſche und freye Tartarei, gegen Oſten an das
großmogulſche Reich, gegen Süden an das per
ſiſche Meer, gegen Weſten an die aſiatiſche
Türkei. Nach ſeiner ehmaligen Eintheilung
begriff es 24 Provinzen, ſammt einigen Inſeln;
nun beſteht es in 2 Haupttheilen, nämlich a)
Oſtperſien, wo die Haupt- und Reſidenzſtadt
Kandahar; b) Weſtperſien, mit der Haupt
ſtadt

stadt Ispahan, die auch mit Schiras des Königs Residenz ist. Andere merkwürdige Städte
sind: Eriwan, Tabris oder Tauris, und
Derbent. Ormus ist eine berühmte Insel
im persischen Meerbusen.

4) China, welches die Römer das Land
der Serer nannten, liegt zwischen dem 19 und
41° nördlicher Breite, grenzt gegen Norden
an die große Mauer, welche es von der Tartarei absondert, und 400 Meilen lang ist, gegen
Osten an das japonische Meer, gegen Süden
an den cochinchinischen Meerbusen, und gegen
Westen an Thibet und Tunquin. Die Länge
von Osten gegen Westen beträgt an 400, und
von Süden gegen Norden an 330 deutsche
Meilen. Das Land wird überhaupt in 2 Haupttheile, oder 15 Landschaften, und in die Inseln
abgetheilt. In Nordchina liegt die Residenzstadt des Kaisers Peking; sie hat 6 Meilen im
Umfang, enthält eine Besatzung von 40000
Mann, und zählt 3 Millionen Menschen. In
Südchina ist Nanking die größte Stadt in
der Welt von 4 Millionen Menschen, und
Canton ein Seehafen, so groß, als Paris,
wohin die Europäer handeln.

5) Das eigentliche Indien,
welches, zum Unterschied von Amerika, das
man Westindien nennt, auch Ostindien heißt,
besteht aus drey Haupttheilen. Diese sind

E 4　　　a) Nord-

a) Nordindien oder Indostan, das Reich
des großen Moguls, welches zwischen dem 28
und 35° nördlicher Breite liegt, und von Süden gegen Norden 240, von Osten gegen Westen bei 300 deutsche Meilen in sich faßt. Dieß
Reich wird in mehr als 40 Provinzen eingetheilt; darinn liegen 1) Agra in der Mitte, die
größte Stadt von Indostan, und die Winter-
residenz des Moguls; 2) Dehly, die Som-
merresidenz; 3) Surate, eine berühmte Handelsstadt. Unter den Gewässern sind die drey
Meerbusen: 1) der indische oder guzuratische,
2) der cambanische, 3) der bengalische; und
unter den Flüssen 1) der Indus oder Send,
welcher aus dem Gebirg Caucasus entspringt,
Persien von Indien scheidet, und sich durch
verschiedne Mündungen in den indischen Meerbusen ergießt; 2) der Ganges, welcher sich in
den bengalischen Meerbusen stürzt.

b) Die Halbinsel dießseits des Flusses Ganges, welche unter Indostan gegen den Aequator zuliegt, und von Norden gegen Süden 200
Meilen beträgt. Das Gebirg Gates theilt
sie in den west- und östlichen Theil. Auf der
Westseite liegt 1) die Küste Canara, wo Goa
der Hauptsitz der Portugiesen; 2) die Küste
Malabar, wo Kalecut und verschiedne holländische Handelsplätze sind. Auf der Ostseite liegt
die Küste von Koromandel, wo Poudichery
den Franzosen, und Madras den Engländern
gehört; ferner die Küste von Golconda.

c) Die

e) Die Halbinsel jenseits des Flusses Ganges, welche sich zwischen Indostan und China bis an den Aequator erstreckt. Dahin gehören die Königreiche a) Pegu, b) Ava, c) Malacca, d) Siam, e) Chochinchina, f) Tunquin.

6) **Die ersten der ostindischen Inseln,** welche man von Europa aus sieht, sind 1) die maldivischen, deren bei 12000 gezählt werden; 2) die schöne Insel Ceylon, wo der Zimmet wächst; 3) die große Insel Sumatra von verschiednen Königreichen; 4) Java, worauf Batavia, der Hauptsitz der Holländer in Indien, liegt; 5) Borneo, die größte Insel in Asien; 6) die moluckischen oder Specerey-Inseln, die meistens den Holländern gehören; 7) die philippinischen, wo Manila, der Sitz des spanischen Vicekönigs; 8) der Archipelagus St. Lazari, oder die ladronischen Inseln, auch unter spanischer Herrschaft, und endlich

9) Das Kaiserthum Japan oder Japon, zu äußerst an China oder Chorea; es liegt zwischen dem 32 und 45° nördlicher Breite, und besteht aus 3 Hauptinseln, und mehr dann 100 kleinern. In Niphon, der größten Insel, welche 150 Meilen lang ist, liegt a) Jeddo, die Residenzstadt des Kaisers; b) Meaco, die Residenz des Dairo oder Mikaddo, obersten Priesters von Japan, wo 500000 Seelen. Unter

E 5　　　　den

den Seestädten ist besonders Nangasaki merk‐
würdig.

Was nun die physische Lage dieses Welt‐
theils überhaupt betrift, so liegt ein Theil von
Arabien, dann die 2 ostindischen Halbinseln,
nebst den Inseln in der heissen Zone, ein Theil
des asiatischen Rußlands in der kalten, und
das übrige in der gemäßigten Zone. So ist
auch das Erdreich verschieden, so, daß weit‐
schichtige Gebiete wild oder unbenutzt liegen,
andere aber vortreflich bebaut werden. Sie
haben Gold, Silber, Kupfer, Zinn, Eisen,
Magnet, Steinkohlen, Marienglas, Agatstei‐
ne, Topasen, Karneole, grünen Jaspis, und
andere Edelgesteine, und Perlen von der sel‐
tensten Art; an Thieren Zobel, Hermeline,
schwarze Füchse, Vielfraße, Marder, Eichhör‐
ner, Biber und Luchse, deren Pelzwerk im asia‐
tischen Rußland berühmt ist; Rennthiere, Bä‐
ren, wilde Schweine, Hirsche, Rehe, Bisam‐
oder Muscusthiere, starke Kamele, Löwen, Ti‐
ger, Elephanten, und unter den einheimischen
Thieren außerordentlich gute Pferde, nebst un‐
zähligen Arten zahmen und wilden Federviehs;
ferner guten Wein, Zimmet, Gewürznelken,
Muskatennüsse und Muskatenblüthen, Pfeffer,
Ingwer, Baumwolle, Baumöle, Reis, Zucker,
Toback, eine besonders gute Seide, und die
schmackhaftesten Früchte aller Arten, als Ci‐
tronen, Pomeranzen, Limonien, Datteln, Ko‐
kosnüsse u. s. w. Kaßia, Myrrhen, Manna,
Opium,

Opium, Rhabarbar, Aloe, Galläpfel, Thee, Kaffee, Weihrauch, Chinawurzel, Wachs und Honig ꝛc. ꝛc.

Was die Regierung anbelangt, ſo haben faſt alle Staaten eine deſpotiſche Verfaſſung, welche in einigen Ländern, z. B. in Indoſtan, auch von den Statthaltern der Provinzen aus: geübt wird. Doch gibt es auch kleine republi: kaniſche Regierungen, wo die Aelteſten oder abhängige Fürſten herrſchen. Die Zahl ſämmt: licher Seelen beläuft ſich auf 500 Millionen; von dieſem iſt ungefähr der dritte Theil der **mohamedaniſchen**, 12 Millionen der chriſt: lichen, und ein kleinerer Theil der jüdiſchen Religion zugethan. Die bei weitem größte Anzahl hängt noch dem Heidenthum an. Die Hauptſprachen ſind 1) die **türkiſch-tartari:** ſche in ſehr vielen Ländern von Nord: Mittel: und Südaſien; 2) die **mungaliſche** oder kal: **muckiſche** im öſtlichen Mittelaſien; 3) die **ara:** biſche, welche die gottesdienſtliche Sprache al: ler Mohamedaner, und in Soriſtan und Ara: bien die gemeine Landsſprache iſt; 4) die **per:** ſiſche; 5) die **maleyiſche**; 6) die ſineſiſche. Der Handel nach Europa geſchieht meiſt durch Bucharen, Armenier und Europäer. Es gibt, zumal in Südaſien gute Manufakturen, wo vortrefliche Katton, Zitze, Tapeten, Kamelotte, ſeidne, von Gold und Silber gewirkte Stof: fe ꝛc. verfertigt werden. Die Wiſſenſchaften haben, in Vergleich mit ihrem Zuſtand in

Euro:

Europa, wenig zu bedeuten, und die Kriegs-
kunſt kommt mit der europäiſchen kaum in einigen Betracht ꝛc.

B) Afrika, welches in der heil. Schrift
das Land Cham genannt wird, liegt uns Europäern gegen Süden zwiſchen dem 37° nördlicher und 35° ſüdlicher Breite, ſo, daß ſelbes
von dem Aequator beinahe in zwo gleiche Hälften getheilt wird. Es iſt faſt ganz mit Waſſer
umgeben, und hängt nur durch die Erdzun-
ge oder Landſchaft von Sues, von 15 Meilen, mit Aſien gegen Oſten zuſammen. Durch
die Meerenge von Gibraltar und das mittelländiſche Meer wird es von Europa, durch das
rothe Meer von Aſia, und durch das atlantiſche Meer von Amerika abgeſondert. Die Länge des feſten Landes wird vom grünen Vorgebirg bis an die Küſte Ajan auf 1050, die
Breite, von den Küſten der Barbarei bis an
das Vorgebirg der guten Hoffnung, auf 1080
deutſche Meilen, und von einigen der Flächeninhalt bis auf 600000 Quadratmeilen gerechnet.

Die Halbinſeln ſind 1) Egypten, 2) die
Barbarei, 3) die Wüſte Sara, 4) Nubien,
5) Abyßinien, 6) Niederäthiopien, 7) Oberäthiopien, 8) die Küſte Kaffern, 9) die
Inſeln.

1) Egypten, welches die Kopten Hem
von Ham her nennen, liegt unter dem 22 und
32° nördlicher Breite, grenzt gegen Norden

an

an das mittelländische Meer, gegen Westen an
das rothe Meer, gegen Süden an Nubien, und
gegen Osten an die Wüste Sara; darinn liegt
a) in Unteregypten die berühmte See= und
Handelsstadt Alexandria und Damiate, einst
Pelusium; b) in Mittelegypten die Haupt=
stadt Cairo oder Alcair von etlichen Millionen
Seelen. Unweit dieser Stadt stehen noch Py=
ramiden und sind Mumien zu finden. Suez
mit einem Hafen am rothen Meer. c) In
Oberegypten, sonst Thebais, ist Said ꝛc.
Im alten Egypten waren, unter andern,
die Städte Heliopolis, wo der Tempel der
Osiris war; Kubastis, wo der Abgott Apis
verehrt wurde, und die Stadt Theben, welche
hundert Thore hatte.

Unter den Gewässern sind, ausser den gros=
sen Seen Mareotis oder Buchaira in Unter=
egypten, Moeris, und Gara in Mittelegypten.
Der Kanal Joseph, welcher aus Oberegypten
in den See Moeris gezogen, und der Fluß Nil,
sind besonders merkwürdig. Dieser Fluß kommt
aus Abyßinien, Nubien, und fällt in Ober=
egypten über spitzige Felsen herab. Unter Cairo
theilt er sich in zwey große Arme, die mit dem
Meer eine dreyeckigte Insel machen; endlich
fließt er mit beiläufig 30 Gängen ins Meer.
Im Monat Junius tritt dieser Fluß aus sei=
nen Ufern, und befruchtet Egypten.

2) Die Barbarei liegt längst dem
mittelländischen Meer, und enthält fünf Pro=
vin=

vinzen. Dieſe ſind a) die Wüſte oder das Königreich Barcan, ehmals Lybien, wo die
Stadt Amonia war, wo der Sonnenbrunnen
lag und der Jupiter Ammon; b) die Republik
Tripoli, ehmals das ſyrtiſche Land, wo die
Hauptſtadt Tripoli mit einem Hafen; c) die
Republik Tunis, ehmals das puniſche Land,
wo das berühmte Karthago ſtund, von dem
man noch prächtige Ruinen ſieht; d) die Republik Algier, wo die Stadt dieſes Namens
mit einem Hafen. Ehmals hieß der öſtliche
Theil, darinn Cirta lag, Numidien, und der
weſtliche Theil, wo Jol, oder Julia Cäſarea
lag, hieß Mauritanien; die Einwohner heiſ-
ſen Mauren. e) Das Kaiſerthum Fetz und
Marocco, wo 1) Fetz und Marocco Haupt-
ſtädte; 2) Meguenez, die heutige Reſidenz;
3) Salee, Larache und Tanger ꝛc. Seehäfen; 4) Ceuta, Melila, gehören den Spaniern.

3) Die Wüſte Sara, oder Zaara,
enthält 10 Königreiche, worunter Targa und
Borno unter die vornehmſten gezählt werden.
Dieſe Wüſte gehörte ehmals theils zu Lybien,
theils zu Getulien; ſie iſt aber itzt, wegen der
großen Hitze und der Menge wilder Thiere,
wenig bewohnt.

4) Das Königreich Nubien
oder Sennar, wo Nubien die Haupt-
oder Reſidenzſtadt iſt, grenzt gegen Norden an
Egyp-

Egypten, gegen Osten an das rothe Meer und die Küste Aber, gegen Westen an Nigritien, und gegen Süden an Abyßinien. Der Nil= fluß durchströmt das Land, und macht es so fruchtbar, wie Egypten.

5) Das Kaiserthum Abyßinien enthält 30 Königreiche. Darinn ist Gondar, wo der Kaiser, der beständig mit seinem Hof= lager umherzieht, und unter Gezelten wohnt, bisweilen eine längere Zeit sich aufhält. Die Küste Aber, welche Abyßinien gegen Osten und zum Theil gegen Nubien liegt, erstreckt sich auf 150 Meilen; darinn liegt Suguan, ein tür= kischer Seehafen. Der Fluß Nil entspringt hier in Gonga mit 2 Quellen, und strömt dann durch die See Dembra.

6) Nieder= oder Vorderäthiopien ist voll von kleinen Königreichen, welche an den Flüssen Senegal, Gambia, Falem und Nie= ger herumliegen, und überhaupt besteht es aus zwei Theilen. Diese sind 1) Nigritien, oder das Land der Schwarzen, welche auch Negers genannt werden Darinn liegt Galata, wo sich die den Franzosen angehörige Festung Arguin befindet. Hieher gehört Kapo verde, oder das grüne Vorgebirg; St. James, eine Insel und Festung der Engelländer. 2) Oberguinea oder die Goldküste, darinn sich viele Franzosen, Holländer, Portugiesen und Engelländer we= gen der Handlung befinden — das eigentliche Guinea.

7) Ober=

7) **Oberäthiopien**, welches auch das innere genannt wird, enthält 1) Unterguinea, wo Congo, darinn St. Salvator den Portugiesen gehörig; 2) das mittelländische Aethiopien von vielen Königreichen; 3) die Küste Zangho oder Zanguebar, wo die Portugiesen die Städte Mosambique und Quiloa besitzen, so, wie ihnen verschiedene nahe Königreiche Monbaza Melinde ꝛc. zinsbar sind; 4) die Küste Ajan, wo die Königreiche Zeila und Magadoxo liegen.

8) **Die Küste Kaffern** enthält a) im östlichen Theile 1) das Kaiserthum Monomotapa, wo die Stadt dieses Namens die Haupt- und Residenzstadt des Kaisers ist; 2) das Königreich Monoemugi, wo Gasabella die Residenzstadt des Königs, und St. Martial, eine Stadt der Portugiesen; 3) das Königreich Sofala, wo Zimbace die Residenzstadt des Königs. b) Im westlichen Theile ist das Vorgebirg der guten Hoffnung, wo die Holländer eine Festung und weitläuftige Kolonie haben, wie auch das Land der Hottentotten zu merken.

9) **Von den Inseln** sind auf der westlichen Seite die berühmtesten: a) Die canarischen oder glückseligen Inseln bei der maroccanischen Küste. Es sind derselben 12, wovon 11 den Spaniern gehören. Die vornehmsten sind Kanaria, von welcher

der

der Kanariensekt, Kanarienzucker und Kana-
rienvögel kommen; Teneriffa, wo der hohe
Berg Pico ist; — Ferro; — Palma, von
welcher der Palmsekt kömmt; — Madera,
welche den Portugiesen gehört, wo Funtohal
die Hauptstadt mit einem Bisthum.

b) Die Inseln des grünen Vorgebirgs,
Hesperides oder Gorgones, deren zehen sind,
die den Portugiesen gehören. Die vornehmste
ist St. Jakob.

c) Die Insel St. Thomä, welche den
Portugiesen gehört, und viel Zuckerrohr trägt.

d) Die Insel St. Helene, welche den
Engländern gehört.

e) Die Insel Madagaskar, auf welcher
verschiedene Königreiche sind.

f.) Die maskarenischen Inseln, wo
Mascareg oder Bourbon, und St. Mau-
rice den Franzosen gehören. — Die Inseln
Komorres und Zocotora, welche ihre eignen
Könige haben.

Afrika liegt meist in der heissen Zone, den
nördlichsten, den nördlichsten und südlichsten
Theil ausgenommen, welcher in der gemäßigten liegt. Dazu kömmt, daß der Boden größtentheils flach ist, und sohin Mangel an Flüssen und andern Gewässern hat; daher gibt es
ungeheure Wüstenehen voll brennenden San-
des. Die fruchtbarsten Distrikte sind die Kü-
stenländer im Norden, und die äußerste Südspitze. Die Gegenden, über welche der Nil

B   aus

austritt, sind fruchtbar, worunter besonders das
gesegnete Egypten gehört, das, ungeachtet der
mäßigen Industrie, außerordentlich fruchtbar
ist, und außer einer erstaunlichen Menge Ge-
traids, einen Ueberfluß an Reis, Zuckerrohr,
Hopfen, Flachs, Safran, Melonen, Senes-
blättern, Kassia, Pomeranzen, Apricosen, Kra-
natäpfeln, Datteln, Feigen, Balsam, arabi-
schem Gummi 2c. ferner an Seiden, Wachs,
Honig, Fischen, Geflügel, zahmen und wilden
Vieh aller Arten liefert. Unter die afrikani-
schen Thiere gehören das Nilpferd oder Hippo-
tomus, zahme Pferde, Kameele, Ochsen, Büffel,
Affen, Elephanten, Löwen, Tiger, Leoparden,
Bären, Rhinocerose, wilde Esel und Pferde,
Hyänen, Murmelthiere 2c. ferner die Strauß-
sen, Adler, Fasanen 2c. dann unter den Waß-
serthieren Seehunde, Seekühe, Schildkröten
u. s. w. endlich verschiedene vergiftende Thiere,
als Schlangen, Skorpionen, Spinnen 2c.

Die Regierung ist meist despotisch, und die
Herren nennen sich fast alle Kaiser und Könige,
unter welchen letztern der König von Egypten,
nämlich der türkische Kaiser, der ansehnlichste
ist. Algier, Tunis und Tripoli sind Republiken. Unter den Religionen sind die mohame-
danische und die der griechischen Christen von
der koptischen Sekte, dann die heidnische sehr
ausgebreitet. Juden werden in der Barbarei,
in Egypten, Nubien und Abeßinien geduldet.
Die auswärtigen Kolonien bleiben bei ihren

Lands-

Landsreligionen. Unter den Sprachen ſind 1)
die arabiſche, 2) die abeßiniſche, 3) die ni-
gritiſche die vorzüglichſten. Der Handel wird
faſt allein von Europäern geführt. Die Anzahl
ſämmtlicher Einwohner wird auf hundert und
etliche fünfzig Millionen geſchätzt.

C) **Amerika,** welches auch Weſtin-
dien oder die neue Welt genannt wird, erſtreckt
ſich auf den 56° der ſüdlichen, und, wenn man
Spitzbergen mit einſchließt, bis über den 80°
nordöſtlicher, und über den 70° nordweſtlicher
Breite. Gegen Morgen, wo es von Europa
und Afrika abgeſondert wird, grenzt es an das
atlantiſche und äthiopiſche Meer; gegen Abend,
wo es ſich von Aſien trennet, an das ſtille oder
Südmeer; gegen Nord an die Meerenge Hud-
ſon, oder vielmehr an unvergängliche Eisge-
birge, und gegen Süden über die beſchneyten
Gebirge des Feuerlands, oder ans magellani-
ſche Meer.

Das feſte Land iſt in zwo Halbinſeln getheilt, welche vermittelſt der Landenge von Panama zuſammhängen. Der eine Theil dieſer
Halbinſeln wird das nördliche, der andere das
ſüdliche Amerika genannt.

Im nördlichen Amerika liegen 1) Kanada, 2) Florida, 3) Neumexico, 4) Kalifornien, 5) Altmexico. Im ſüdlichen Theil
1) Terra firma, 2) Guiana, 3) Peru,
F 2   4) Chili,

4) Chili, 5) Terra magelanica, 6) Para=
quay, 7) Braſilien, 8) Amazonia.

Dazu gehören die Inſeln auf dem Mar del
Nort und Mar del Zur; ferner der ſoge=
nannte fünfte Welttheil oder die neuentdeckte
Südwelt. Was die Länge betrift, ſo erſtreckt
es ſich oben im Nordamerika, wo es am läng=
ſten iſt, bei der nordöſtlichſten Ecke von Spitz=
bergen von 50°, bei der öſtlichen Küſte von
Grönland von 12° Oſtlänge — bis an die
Kooksſtraße, oder 150 Weſtlänge, oder über=
haupt von 210 Weſtlänge bis 12 und 50° Oſt=
länge; unten im Südamerika, wo es am läng=
ſten iſt, reicht es von 15 bis 65 Weſtlänge,
oder von 295 bis 345 Oſtlänge. Der Flächen=
inhalt iſt über 900000 Quadratmeilen, und
die Anzahl der Menſchen über 300 Millionen.

I. Nordamerika. Darinn liegen

1) Kanada, welches ſeinen Namen
von dem Fluß Kanada, der itzt der Fluß St.
Laurentii genannt wird, und theils Engländer,
theils noch freye Völker (die man Wilde nennt)
zu Einwohnern hat. Jene beſitzen eine Küſte
von acht Landſchaften, worinn von Süden ge=
gen Norden a) Virginien liegt. Hier wächſt
vortreflicher Toback, welcher jährlich in 200
Schiffen ausgeführt wird. Die Hauptſtadt
heißt Williamsburg. b) Maryland, wo die
Stadt St. Marie; c) Penſilvanien, wo
Phi=

Philadelphia mit einem Hafen, und Neu-
caſtel; d) Neuyerſey, ſonſt Neuſchweden,
wo Chriſtina die Hauptſtadt; e) Neuyork,
ehmals Neuholland, wo Neuyork mit einem
Hafen; f) Neuengland, wo Neulondon oder
Boſton mit einem Hafen, und Cambridge,
eine Univerſität. Aus dieſem Land werden jährlich über 400000 Centner gedörrter Stockfiſche
nach Spanien, Portugal und Indien geführt;
g) Neuſchottland, ſonſt Acadia, wo Port-
Royal oder Annapolis mit einem Hafen; h)
Terra Labrador oder Pais des Esquimaos.

Die ſogenannten Wilden bewohnen den
übrigen und größten Theil. Die bekannteſten
derſelben von Norden nach Süden ſind die Ka-
nibas, Huronen, Iroquen, und nord- und südwärts die Esquimaus, Savanen.

2) **Florida** wird von Engländern,
Spaniern und einigen Wilden bewohnt. Die
Engländer beſitzen a) Carolina, wo Charles-
town; b) Georgien, wo Ebenezer, eine von
Salzburgern erbaute Stadt; c) die Halbinſel
Tegeſte; d) den öſtlichen Theil von Louiſia-
na bis ans linke Ufer des Fluſſes Mißiſippi.
Den Spaniern gehört der weſtliche Theil von
Louiſiana am rechten Ufer des Fluſſes Mißiſip-
pi, wo Neuorleans die Hauptſtadt.

3) In **Neumexico**, welches den
Spaniern gehört, und zwiſchen Florida und
dem californiſchen Meerbuſen liegt, iſt St. Fe

F 3   die

die Reſidenzſtadt des ſpaniſchen Gouverneurs
und eines Biſchofs.

4) **Kalifornien** liegt zwiſchen Neumexico und dem kaliforniſchen Meer, und iſt
ein noch ziemlich unbekanntes Land.

5) **Altmexico oder Neuſpanien**
grenzt gegen Norden an Neumexico und Florida; gegen Oſten an den mexicaniſchen Meerbuſen; gegen Süden an das Meer del Süd
oder das ſtille Meer, und die Erdenge Pana-
mas.   In dieſem Land ſind 3 höchſte Tribu-
nale, nämlich 1) Nova Gallicia oder nova
Biſcaya von 7 Provinzen; 2) Mexico, wo
die Stadt dieſes Namens, mitten in einem
großen Landſee, die Reſidenz des Vicekönigs
und eine Univerſität enthält; 3) Quatimala
von 8 Provinzen.   Im mexicaniſchen Meerbuſen und bei den Inſeln, welche demſelben nahe
liegen, werden Perlen gefiſcht, von denen die
kaliforniſchen den reinſten Glanz haben.

II. Südamerika.   Darinn liegen

1) **Terra firma**, welche vermit-
telſt der Erdenge Panama an Altmexico grenzt.
Dieſes Land, welches den Spaniern gehört,
enthielt ehmals die reichſten Goldbergwerke,
und ward das goldene Kaſtilien genannt. Das
Land enthält 7 Provinzen, worinn die Stadt
Panama, dann ein Hafen an der Süderſee
Porto

Porto bello und Karthagena, 2 Häfen an der Nordsee merkwürdig.

2) **Guiana** erstreckt sich von Südosten nach Nordosten zwischen den Mündungen des Amazonenflusses und des Stroms Orinoque, und enthält eigentlich 3 Haupttheile, nämlich 1) Paria, 2) das eigentliche Guiana (diese beiden Landschaften gehören den Spaniern) 3) Karibania, welche a) von den Kanibalen oder Karibanen, b) von den Holländern in der Kolonie am Fluß Surinam, c) von den Franzosen in der Insel Cayenne, d) von den Portugiesen bis an das Amazonenland bewohnt wird.

3) **Peru** liegt längst dem Südmeer, und wird von den Spaniern in 3 Provinzen getheilt, als 1) Quito, wo die Stadt dieses Namens den Sitz eines Statthalters enthält; 2) Peru, das eigentliche, oder Los Reges, wo Lima der Sitz des Vicekönigs und eine hohe Schule ist; 3) Los Charcos, wo la Plata, und das Silberbergwerk Potosi.

4) **Chili** hängt mit Peru zusamm. Die Spanier haben dieß Land gleichfalls in Besitz genommen; doch sind noch viele Provinzen frey. Jenes besteht aus dreyen Haupttheilen, worunter a) Chili, wo St. Jago die Hauptstadt; b) Imperial, wo la Conception, ein Hafen; c) Chicuito, wo St. Jean. Unter den Inseln ist Chiloe, wo Castro zu merken.

F 4 5) Ter=

5) **Terra magellanica** wird von den Wilden, die sich Patagonen nennen, bewohnt.

6) **Paraquey**, das von den Spaniern vermittelst der Mündung des Flusses Ria della Plata entdeckt worden, liegt zwischen Amazonien, Chili, Terra magellanica und Braßilien. Das Land besteht aus 2 Hauptheilen: 1) Paraquey von 6 Provinzen, wo Aßumtion der Sitz des spanischen Gouvernements, und Buenos Ayres. Die Portugiesen besitzen die Insel St. Gabriel. 2) Tucumania, wo St. Jago del Estero, der Sitz eines spanischen Statthalters.

7) **Braßilien**, das seinen Name von dem Braßilienholz erhielt, ist den Portugiesen eigen, welche es in 14 Landschaften abgetheilt haben. Die besten Städte sind St. Salvator, die Hauptstadt, Olinda, St. Sebastian und Para. Das Land ist voll Goldberge und Diamanten, und der König in Portugal zieht jährlich etliche Millionen daraus.

8) **Amazonien** liegt mitten in Südamerika. Die Portugiesen besitzen die ganze Küste, vom Ausfluß des Amazonenflusses bis am Kap del Nort. So nehmen auch die Spanier, von ihrem Peru aus, den an ihre Besitzungen stoßenden Theil in Anspruch: aber das ganze innere Land wird noch von freyen Völkern bewohnt.

Um

Um Amerika liegen verschiedne Inseln. I.
Die kanadischen über der Küste von Neuschott-
land, wo in den engländischen Besitzungen Terre
neuve oder Neufoundland liegt. Hier ist einer
der berühmtesten Stockfischfange. In dem französischen Antheil liegt St. Pierre.

II. Die bermudischen oder Sommersin-
seln, welche den Engländern gehören; darin
liegt St. Georg.

III. Die vier großen Antillen oder Vor-
inseln im mericanischen Meerbusen, wo a) Kuba, welche den Spaniern gehört, und worauf
das so berühmte Havana liegt; b) Hispanio-
la oder Kleinspanien, wo im spanischen Antheil
gegen Osten la Conceptione, und im französischen gegen Westen le Grand Guave der Sitz
des französischen Gouverneurs liegt; c) Puer-
to ricco, welche den Spaniern; d) Jamaica,
welche den Engländern gehört.

IV. Um die großen Inseln liegen die kleinen Antillen, nämlich a) die lucaischen, deren
mehr als hundert sind, über Kuba und Hispa-
niola; sie sind aber nicht alle bewohnt. b) Die
karibischen, welche in die Inseln außer und
unter dem Wind abgetheilt werden. Von den
ersten besitzen die Engelländer die Insel Domi-
nique, Barbados, St. Vincent, Grenada;
die Franzosen Guadeloupe, Martinique rc.
die Dänen St. Croix, St. Thomas rc. Die
letztern gehören den Spaniern, Holländern und
Engländern.

F 5 Gegen

Gegen den Nordpol liegt **Spitzbergen** und das öſtliche **Grönland**; über Nordaſien **nova Sembla** und viele andere.

Auf dem ſtillen Meer die Inſeln **Salomonis** und die **Paradießinſeln.** Unter Südamerika **Terra del Fuogo** oder das **Feuerland,** worunter nun alle Inſeln im Süden der magellaniſchen Straße verſtanden werden. — Die **Falklandsinſeln** in Nordoſt der magellaniſchen Straße.

Die Südwelt, welche auch **Südindien, Auſtralien,** der fünfte Welttheil genannt wird, beſteht aus zerſtreuten großen und kleinen Inſeln, welche zwiſchen dem Aequator und dem 48° Südbreite liegen, und ungefähr von 90 bis 234° weſtl. oder von 126 bis 270° Oſtlänge, theils auf der Südſee zerſtreut, theils an und in den öſtlichen Gegenden des indiſchen Oceans hingeſtreckt ſind.

Auf der obern und öſtlichen Hälfte der durch den Meridian von Ferro getheilten Erdfläche liegen 1) **Neuholland** von 126 bis 172° Oſtlänge, und von 11 bis über 34° ſüblicher Breite. Im Norden iſt es durch die **Endeavoursſtraße,** und durch **Yorks-Wallis** und andere Inſeln von **Neuguinea** geſchieden. 2) **Neuguinea,** oder das Land der **Papous** oder **Schwarzen.** 3) **Neu-Britanien,** 4) **Neu-Irland,** 5) **Neu-Hanover,** 6) die **Admiralitätsinſeln** ꝛc.

In

In der untern und weſtlichen Hälfte,
theils zwiſchen dem Aequator und Wendezirkel
des Steinbocks, theils auf der Südſeite dieſes
Wendezirkels, liegen 1) zwiſchen dem Aequator und Wendezirkel von Weſt nach Oſt, der
Archipel der Königin Charlotte Inſeln.   2)
Zwiſchen 170 und 150° weſtl. Länge von Nord
nach Süd a) die Byronsinſel, b) Herzog Yorks-
inſel unter 155° weſtl. Länge 8° Nordbr. c) la
Solitaire, unter 159° Weſtl. ꝛc.   3) Der Archipel der Societätsinſeln, worunter Utahitti unter 132 Weſtl. 17° Südbr. ſich befindet u. ſ. w.

Auf der Südſeite des Wendezirkels von
Weſt nach Oſt 1) Neuſeeland, welches 2 große
durch die Kooksſtraße getrennte Inſeln ſind,
und ſich von 34 bis 48° Südbr. und von 178
bis 164° Weſtl. erſtrecken u. ſ. w.

Von dieſen Inſeln ſind den Europäern beinahe nur die Küſten bekannt, und das einzige
Utahitti wurde von denſelben in etwas durch-
ſucht. So weis man auch wenig von der eigentlichen Größe dieſer Südwelt, außer daß
ſie wenigſt zweimal ſo groß als Europa iſt.

Was nun das Klima von Amerika betrift,
ſo befinden ſich daſelbſt, wie ſchon aus der Lage
erhellet, alle Zonen. So iſt auch die Beſchaf-
fenheit des Bodens ſehr verſchieden. Dieſe
nördliche Hälfte iſt ebner, als die ſüdliche,
welche vornehmlich auf der Weſtſeite ſehr ge-
birgig iſt. Die Cordilleras oder Los Andes ſtei-
gen

gen in doppelten, auch dreyfachen Reihen längſt
der Weſtküſte aus den ſüdlichſten Gegenden,
über die Landenge von Panama, nach Nordamerika hinauf, und ſind gegen den Aequator
am höchſten.   Man trift in Amerika beinahe
alle möglichen Produkte an.   Unter die vornehmſten derſelben gehören Toback und Kar-
toffeln, Kaffee, Zucker, Baumwolle, Baumöle,
Kakaonüſſe, Vanille, verſchiedene koſtbare Holz-
arten, als Braſilien- und Fernambukholz, Indigo, Seidenkraut, Chinachina, Kaßia, Balſam ꝛc. ꝛc. dann als Produkte aus dem Thier-
reiche, vortrefliche Wolle, Kochenille, Honig,
Wachs, verſchiedne zahme und wilde Thiere,
und die ſchönſten Vögel von der ganzen Welt;
dann mancherlei Fiſche und Waſſerthiere, Schlangen, Klapperſchlangen ꝛc. ferner Gold, Silber,
verſchiedene andere Erze, Edelgeſteine, Perlen,
Queckſilber ꝛc.

In den ſogenannten eroberten Ländern von
Amerika wurden die rechtmäßigen Herren von
den Europäern meiſt durch Gewalt unterdrückt,
welche daſelbſt durch Vicekönig und Statthal-
ter eben die Regierungsform, welche im Mutterland herrſcht, ausüben.   Gegen ein ſolches
Haupt oder Mutterland in Europa haben ſeit
1763 engländiſche Küſtenländer ſich in Unab-
hängigkeit zu ſetzen geſucht, und, von Franzoſen
und Spaniern unterſtützt, ſich auch glücklich
darein verſetzt.   Dieſe liegen in Nordamerika
zwiſchen Neuſchottland und Florida (welche
dem

dem Hauptland noch anhängen) und sind 1) Neuengland, die mächtigste Provinz in ganz Nordamerika, wo Boston; 2) Neuyork; 3) Neu = Jersey, 4) Pensilvanien, 5) Maryland, 6) Virginien, 7) Karolina.

Die sogenannten Wilden werden meist von Familienältesten, die den Namen Sachem oder Cazique führen, einige aber auch durch Könige beherrscht. Es gibt bei diesen Völkern keinen Geburtsadel, sondern so lange sich eine Familie durch besondere Eigenschaften auszeichnet, so lange wird ihm eine gewisse Art von Herrschaft und Ueberlegenheit zuerkannt.

Die Religionen sind in den europäischen Kolonien, wie im Mutterland. In den engländischen die reformirte, nebst welcher aber auch andere und überhaupt alle christliche Religionen geduldet werden. In Ost= und West= florida und in Kanada, dann in allen Kolonien der Spanier, Portugiesen und Franzosen herrscht die katholische, in den holländischen Besitzungen die reformirte, und in den dänischen die lutherische; bei den Wilden herrscht das Heidenthum.

Der Handel nach Europa wird allein von Europäern getrieben, und, wie man anzugeben pflegt, so führt 1) Spanien nach unserm Welttheil Gold und Silber, bei 16 Millionen Rthlr. Kupfer, Zinn, Perlen, Edelgesteine, Häute, Talch, Baumwolle, Vigognewolle, Balsam, Wachs, Zucker, Taback, und darunter Havanna,

Kakao,

Kakaonüſſe, Vanille und Achiolle, Kochenille, Indigo, Kampecheholz, Saſſaparille, Fieber= oder peruaniſche Rinde, Kaßia ꝛc. 2) **Portu-gal**, Gold, wovon das dem König gebührende Fünftheil jährlich bei 300000 Pf. Sterling be= trägt, Diamanten, Zucker, Roll= und Schnupf= taback, Indigo, Balſam, Braſilien und Fer= nambukholz, Pimento oder braſiliſcher Pfeffer, Baumwolle, Häute ꝛc. 3) **England** führte bisher aus: Reis, Getraid, Taback, worunter der vortrefliche Knaſter aus Virginien, Stock= fiſche, Thran und Fiſchbein vom Wallfiſch, Häute von Hirſchen, Bären, Büffeln, Elend= thieren, Kaſtor= oder Biber= Otter= Fuchs= Luchs= Marder= und Wildekatzenbälge, gegerb= tes Leder, Schiffbauholz, als Maſten, Segel= ſtangen, Planken und Dielen, Thee, Terpentin, Potaſche und Pech, Oel, Wachs, Harz, Gum= mi, Baumwolle, Kaffee, Zucker, Syrop, In= digo, Pfeffer, Ingwer, Salpeter, Rum, Citro= nen, Eiſenklumpen ꝛc. 4) **Frankreich** Zucker, Indigo, Kaffee, Tabak, Kakao, Ingwer, braune Wolle, Kattun, Biberbälge und anders Pelz= werk, Stockfiſche ꝛc. 5) **Holland** Zucker, Kaf= fee, Indigo, Baumwolle, Kakao, Taback ꝛc. 6) **Dänemark** Zucker, Indigo, Taback ꝛc. Was von dieſen ſechs Nationen nach Amerika geführt, und meiſt gegen Waaren vertauſcht wird, beſteht in mancherlei Manufakturwaaren, wollenen und ſeidenen Zeugen, eiſernen und ku= pfernen Hausgeräthen, Gewehr, Pulver, Bley, Meſſer,

Meſſer, Degenklingen, Leinwand, Segeltuch,
Hüten, Strümpfen, Schuhen, Seifen, Zwirn,
Spiegel, Knöpfen, Korallen, Wein, Brant‐
wein, Aepfel‐ und Birnmooſt, Mehl, geſalz‐
nem Rindfleiſch, Butterr, Käſe ꝛc.

§. III.

Europa.

Europa wird gegen Mittag durch das mit‐
telländiſche Meer von Afrika, gegen
Abend durch das atlantiſche, gegen Mitter‐
nacht durch das nordiſche Meer von Amerika,
und gegen Aufgang meiſt durch ländliche
Grenzen von Aſien geſchieden. Dieſe ſind von
Süd nach Nord der Archipel, die Straße der
Dardanellen, das Meer di Marmora, die
Meerenge von Konſtantinopel, das ſchwarze
Meer, die Straße von Kaffa, das aſſowiſche
Meer, der Don bis zum Einfluß der Medwie‐
diza, dann längſt dieſer zum Einfluß der Sura
in die Wolga, dann nordoſtwärts zum ingri‐
ſchen Gebirg, endlich längſt dieſem bis ans
Eismeer und das nordöſtliche Vorgebirg von
nova Sembla.

Das mittelländiſche Meer hat gegen Süd‐
weſten mit dem Archipelagus oder ägäiſchen Meer,
welches wegen der großen Menge berühmter Inſeln
auch das weiße Meer genannt wird, und zwiſchen
Griechenland und Aſien liegt, Gemeinſchaft, und
ergießt ſich dann vermittelſt des Helleſponts, des
eben

eben oben genannten Meeres Mare di Marmora, und des Meerarms Bosphorus Tracius in den Pontum eurimm oder das schwarze Meer, welches gegen Norden mit dem assowschen Meer, Paulus Macotis, zusammhängt. In der Mitte hat es den berühmten Hafen Golfo di Venetia, welchen man auch das adriatische Meer nennt. Gegen West hängt es mit dem atlantischen Meer zusamm, und dieß geschieht vermittelst der gadilanischen Meerenge, welche diesen Name von der Stadt Gades oder Cabir erhalten hat. Unter dem atlantischen Weltmeer versteht man das gesammte Meer, welches sich zwischen Europa, Afrika und Amerika gegen Norden hinauf bis ans deutsche oder Nordmeer, und gegen Süden herunter bis an das äthiopische Weltmeer sich erstrecket, und auf den Landkarten Mar del Nort, von den alten Erdbeschreibern das westliche Weltmeer genannt wird. Von dem Nordmeer ist zu merken, daß man dasjenige Gewässer, welches weiter herein zwischen Großbritanien, Niederland, Deutschland, Dänemark und Norwegen fließt, das deutsche Meer, und, weil es den Deutschen und Holländern gegen Norden liegt, die Nordsee nenne. In Ansehung der Ostsee wird es auch die Westsee, und bei Jütland das cymbrische Meer genannt. Den Busen des großen Nordmeers zwischen Dänemark, Deutschland, Preussen, Curland, Rußland und Schweden nennt man die Ostsee. Einst hieß sie Bält, Mare balticum; ingleichen das scytische oder auch das schwedische Meer.

Europa fängt im 36° nördl. Breite an, und endigt sich im 71°, so, daß es größtentheils zu den gemäßigten Erdgürteln gehört. Von Süden gegen Norden, nämlich vom Vorgebirg Malapan in Morea bis an Nordkap in Norwegen

wegen sind 550 deutsche Meilen; von Westen
gegen Osten, nämlich vom Vorgebirg St.
Wincent in Algarbien bis an Ausfluß Oby 800
deutsche Meilen, wovon 15 einem Grad des
Aequators zukommen. Der Flächeninhalt beläuft sich auf 160000 Quadraten.

Man kann Europa in funfzehn Haupttheilen
betrachten. Davon liegen A) gegen Norden

I. **Großbritanien** zwischen dem 50
und 61° nördl. Breite. Es begreift die beiden
Reiche a) England und b) Schotland in sich,
wozu auch c) Irland gehört.

a) England grenzt gegen Morgen an die
Nordsee, gegen Süden an den Kanal, gegen
Norden an Schotland, und gegen Westen an das
irländische Meer. Der Flächeninhalt beträgt
bei 2916 Quadratmeilen. Das Land ist in 40
Grafschaften eingetheilt, wovon London der
Hauptort und die Hauptstadt von ganz Großbritanien ist. Darinn ist der Thurm (Tower)
eine alte Festung, itzt der Wohnsitz der Kauf-
leute, dann Westmünster, wo itzt meist der
Adel wohnet, wo auch die große Abtey, und
neben derselben das Parlamentshaus steht,
merkwürdig. Von den übrigen Grafschaften
sind besonders Kenth, wo Kanterbury und
York, zwey Erzbistümer, dann Cambridge
und Oxfort, wo Universitäten sind, dann die
Seehäfen Porthsmouth, Plimouth, Pristol
und Douvre am Kanal, wo die Ueberfahrt

G   nach

nach Frankreich ist, merkwürdig. Das Für=
stenthum Wallis, bei den Römern Britania
secunda, wird in zween Haupttheile, und jeder
derselben in 6 Landschaften getheilt.

b) Schotland (Scotia) hat gegen Sü=
den England, gegen Osten das britanische, ge=
gen Norden und Westen das atlantische Meer.
Der Flächeninhalt beträgt 1600 Quadraten.
Umher liegen 300 Inseln. Man theilt das
Land in den südlichen, den mittlern und nörd=
lichen Theil. Südschotland besteht aus 19 Graf=
schaften, worinn Edinburg die Hauptstadt von
Schotland ist. Das mittlere enthält 8, und
das nördl. 6 Grafschaften. In Schotland sind
4 Universitäten, nämlich zu Edinburg, Glas=
gow, St. Andrew und Aberdeen, worauf
nur Presbyteraner studiren können.

c) Irland, Hibernia, ist ganz vom atlan=
tischen Meer umgeben, liegt zwischen dem 51.
und 55 Grad nördl. Breite. Der Flächenin=
halt ist 1520 Quadraten. Dieß Königreich be=
steht aus 4 Haupttheilen, worinn Dublin die
vornehmste und die Hauptstadt des ganzen Kö=
nigreichs ist.

Das Klima überhaupt ist gemäßigt und
naßwarm; der Boden meist vortreflich. Eng=
lands Reichthum besteht in Ackerbau, Horn=
viehzucht, Pferdzucht, Schaafzucht. Ihre Ber=
ge liefern ihnen vortrefliches Zinn, Marmor,
Alabaster, Crystal, Kupfer, Blei, Eisen, Alaun,

Vitriol

Vitriol ꝛc. ꝛc. dagegen hat es wenig Holz und gar keinen Wein.

Schotland hat Fische, Hornvieh, Schaafe, kleine Pferde, Holz, Steinkohlen, Blei, Silber, Gold, Kupfer und Marmor, Getraid, Flachs, Hanf ꝛc.

Irland liefert Vieh, Fisch, Flachs, Hanf, Torf, Wolle, Eisen, Blei, Vitriol ꝛc.

Die Regierung ist monarchisch, wiewohl durch die Reichsgesetze und das Parlament sehr eingeschränkt. Gegenwärtig ist das deutsche Churhaus Braunschweig-Lüneburg auf dem Thron. Die herrschende Religion ist die reformirte. Die übrigen werden geduldet. Die Anzahl sämmtlicher Seelen in den 3 Reichen beläuft sich auf 12000000. Was den Handel betrift, so befahren die Engländer alle Meere und Küsten.

II. **Dänemark,** Dania, liegt zwischen dem 54 und 58° nördl. Breite, grenzt gegen Morgen an die Ostsee, gegen Mittag an Hollstein, wovon es durch den Eyderstrom und Leverdaue abgesondert wird, gegen Abend an die Nordsee, und gegen Mitternacht an den codanischen Meerbusen. Der Flächeninhalt beläuft sich auf 850 deutsche Meilen. Man kann Dänemark eintheilen: a) in das feste Land, worunter man Jütland gegen Mitternacht, und das Herzogthum Schleswig gegen Mittag versteht. Jenes enthält 4 Stifter, wovon Ripen

der

der Hauptort ist; dieses hat seinen Namen von
der Hauptstadt Schleswig; b) in die Inseln,
worunter Seeland und Finland die beträcht-
lichsten sind. In Seeland liegt Koppenha-
gen, die Hauptstadt des Königreichs. Die Insel
Finland, Fionia, liegt zwischen dem großen
und kleinen Belt. Odensee ist die Hauptstadt.

Zu dem Staat Dänemark gehören Norwegen und Island.

Norwegen liegt zwischen dem 58 und 72°
nördlicher Breite, und beträgt 5250 Quadratmeilen. Es enthält 4 Stiftsämter, wo im
Stift Christiania die Hauptstadt dieses Namens. Island liegt im atlantischen Meer, etwa
120 Meilen vom norwegischen Stift Dront-
heim, und 60 von Grönland entfernt. Dieses liegt 40 Meilen von Island, und hat an
der westlichen Seite die 30 Meilen breite Straße
Davis. Zu Norwegen gehören die Inseln Ferro,
welche über Schotland liegen, und aus 25 gros-
sen und kleinen Inseln, wovon 17 bewohnt werden, bestehen. Der bekannteste Meerbusen in
Norwegen ist der Sogne im Stift Bergen.

Der dänische Boden ist größtentheils eben
und fruchtbar. Der Landreichthum besteht in
Pferden, Hornvieh, Schweinen, Getraid, Fischen, Honig ꝛc. entgegen ist ein Mangel an
Metallen, Wein, Salz und Holz. Norwegen
ist größtentheils uneben und steinigt. Es hat
gute Weiden, Holz und reiche Bergwerke. Island ist eine Kette von Gebirgen, von denen
einige,

einige, als die Jökeler, mit ewigem Schnee be-
deckt sind. Andere, z. B. der Berg Hekla,
speien Feuer aus. Die Inseln Farry oder
Färoeer sind mit 2 Fuß dicker Erde bedeckte
Felsen ꝛc.

Die Regierung ist monarchisch, die herrschende Religion die lutherische. Die Zahl
der Einwohner beläuft sich in Dänemark auf
1200000, in Norwegen auf 700000, in Island auf 50000 und in Grönland auf 10000.

III. Das Königreich Schweden,
Suecia, liegt unter dem 53 und 70° nördl.
Breite, grenzt gegen Ost an Rußland, gegen
West und Nord an Norwegen, gegen Süd an
die Ostsee und den finnischen Meerbusen. Der
Flächeninhalt beträgt 12800 Quadraten.

Das Land besteht aus 5 Haupttheilen: diese
sind a) Gothland, b) das eigentliche Schweden, welches aus 5 Landschaften besteht, wo in
der Landschaft Upland die Hauptstadt Stock-
holm. c) Nordland mit 7 Landschaften. d)
Lappland oder Sameland von 7 Lappmarken.
e) Das Großfürstenthum Finland von 5 Landschaften, worinn Abo die Hauptstadt. Der both-
nische und finnische Meerbusen sind berühmt.

Schweden hat gute Viehweiden, ist aber
überhaupt reicher an Bergwerken, als frucht-
baren Aeckern. Der Hauptreichthum besteht
in Bergwerken von Silber, Eisen, und besonders Kupfer, Fischereien, Holzungen, Wildpret,

G 3 Sei-

Seiden: Leinen: Woll: und Segeltuchmanu:
fakturen, in Gewehr: Anker: Meßing: Glas:
Porcelainfabriken, Zuckersiedereien ꝛc. Im
obern Theil ist der längste Tag 23 Stunden
lang. In Lappland dauern die langen Nächte
einige Wochen. —

Die Regierung ist gegenwärtig monarchisch,
doch mit gewissen Grundverbindungen mit den
Ständen. Die herrschende Religion ist die lu:
therische. Die Zahl der Einwohner beläuft sich
auf 2,383113 Seelen.

IV. Rußland, das zum Unterschied
von dem polnischen Klein: oder Rothreussen,
Großreussen, und zum Unterschied des li:
thauischen Weißreussen, auch Schwarzreus:
sen genannt wird, liegt größtentheils zwischen
dem 50 und 75° nördl. Breite (einige Länder
erstrecken sich noch weiter) grenzt gegen Nord
an das Eismeer, gegen Ost an Asien, gegen
Süden an die kleine Tartarei, und gegen We:
sten an Polen, die Ostsee und Schweden. Es
enthält, ohne den asiatischen und polnischen
Besitzungen, 57600 Quadratmeilen.

Man theilt die Länder ein 1) in diejenigen,
welche im itzigen Jahrhundert an Rußland ge:
bracht und den Schweden abgenommen worden.
Diese sind a) das Herzogthum Liefland, b)
das Herzogthum Ingermannland, wo an der
Ecke des finischen Meerbusens die Hauptstadt
Petersburg liegt; 2) in diejenigen Länder,
welche

welche von jeher zu Rußland gehörten, als a) Großrußland, wo Moskau liegt. b) Klein-rußland oder die Ukraine. c) Neurußland oder Neuservien. d) Weißrußland, oder das Herzogthum Smolensk. Die merkwürdigsten Gewässer sind außer dem Eis- und Nordmeer, dem finnischen Meerbusen, und dem mäotischen Pful oder asowischen Meer gegen Süden, der rigische Meerbusen, und das weiße Meer bei der Provinz Archangel in Großrußland. Die merkwürdigsten Seen sind 1) der Peipussee in Liefland, 2) der See Ladoga, 3) der See Onega ꝛc. Die Flüsse sind: die Düna in Liefland; der Newastrom durch Petersburg; die Wolga, welche nach Asien läuft; der Dnie-per, der durchs türkische Gebiet ins schwarze Meer fällt ꝛc.

Die Fruchtbarkeit ist verschieden, so wie es die Provinzen sind. Ueberhaupt hat Rußland, zumal die Ukraine, einen Ueberfluß an Rind-vieh, Fischen, Pferden ꝛc. und die Provinzen können reichlich einander abgeben.

Die Regierung ist monarchisch. Die herr-schende Religion ist die griechische. Die Zahl der sämmtlichen Einwohner beläuft sich auf 30 Millionen.

B) Die in der Mitte liegenden euro-päischen Reiche sind

I. Frankreich (Gallia) Es liegt zwi-schen dem 42 und 51° nördlicher Breite, grenzt

G 4   gegen

gegen Often an Deutſchland, Schweitz und Savoyen; gegen Abend an das aquitaniſche Meer;
gegen Nord an den Kanal la Manche und die
Niederlande, und gegen Süden an das pyre-
näiſche Gebirg und mittelländiſche Meer. Der
Flächeninhalt beläuft ſich auf 1000 Quadratmeilen.

Man kann Frankreich in 16 Hauptprovinzen betrachten. Dieſe ſind 1) Jsle de France
von 2 Gouvernements, als a) von der Hauptſtadt Paris (Pariſii, Lutetia) b) von Jsle
de France, wo ſaint Denis und Verſailles.
2) Orleans von 10 Gouvernements. 3) Lion
von 4 Gouvern. wo Lion, Lugdunum Segu-
ſianorum, oder Leona, die Hauptſtadt am Zu-
ſammenfluß der Rhone und Saone. 4) Gegen Oſten Champagne, wo Troyes, Auguſto-
bona die Hauptſtadt, und Rheims, Civitas
Remonum. 5) Bourgogne, Niederburgund,
oder Herzogthum Burgund, wo Dyon die
Hauptſtadt. 6) Dauphine oder der Delphinat,
wo Grehoble die Hauptſtadt, und die Stadt
Vienne, Vienna Allobrogum. 7) Gegen Süden Provence, wo Aix, Aquae ſextiae, die
Hauptſtadt des Landes, dann Marſeille, Tou-
lon und Avignon. 8) Languedok, wo Tou-
louſe die Hauptſtadt. 9) Guienne oder Aqui-
tanien, wo Bourdeaux die Hauptſtadt. 10)
Gegen Nordweſten Kleinbritanien oder Bretagne, wo Renes, die Hauptſtadt des Landes,
und Breſt. 11) Normandie, wo Rouen. 12)
Pikar-

Pikardie, wo Amiens. Diese 12 Provinzen
werden die alten genannt. Die folgenden hat
Frankreich später erhalten: 13) die französischen Niederlande von einem Gouvernement,
nämlich von Flandern, wo die 3 Theile: Ein
Theil von Flandern, wo Rüssel und Dünker-
ken; von der Grafschaft Hennegau, wo Va-
lenciennes; von der Grafschaft Namur, wo
Charlemont zu merken. 14) Das Herzogthum Lothringen (einst Germania prima und
secunda, belgica prima) von vier Gouvernements: a) von Lothringen und dem Herzogthum Baar, wo in jenem Nancy die Hauptstadt; b) von Mez, wo die Hauptstadt dieses
Namens, wie auch ein Theil des Herzogthums
Luxenburg, nebst Diedenhofen und dem Herzogthum Bouillon liegen; c) von Toul, d)
von Verdún. 15) Die Landschaft Elsas, Al-
satia, wo in Niederelsas die Stadt Straßburg. 16) Die Grafschaft Burgund oder
Franche Comte, wo Besancon, Besontium.
Um das Reich herum sind verschiedne kleine
Inseln.

Die vornehmsten Flüsse sind a) die Seine
(Sequana) die aus Burgund durch Cham-
pagne, Isle de France und Normandie in den
Kanal fließt. b) Die Loire (Ligeris) die aus
Languedok durch Lion, Orleans und Bretagne
fließt, und ins aquitanische Meer fällt. 3) Die
Garonne (Garumna) die aus dem pyrenäi-
schen Gebirge durch Languedok, Gascogne und

G 5 Guien-

Guienne ins aquitanische Meer fließt. 4) Die Rhone (Rhodanus) die aus der Schweiz zwischen Lion, Dauphine und Languedoc ins mittelländische Meer fließt. Dazu kommen verschiedne Kanäle.

Frankreich hat eine gemäßigte Luft und vortreflichen Boden. Der Reichthum besteht hauptsächlich in Getraid, Wein, Brantwein, Salz, Hanf, Flachs, Wolle, guter Viehzucht und wohleingerichteten Manufakturen.

Die Regierung ist monarchisch, die Religion die katholische. Die Zahl der sämmtlichen Einwohner beläuft sich auf 23 000 000 Seelen.

II. Die Schweiz (Helvetten, die Eidgenossenschaft) liegt zwischen dem 46 und 48° nördlicher Breite; hat gegen Osten Tyrol, gegen Norden den schwäbischen Kreis, gegen Westen die französischen Landschaften Sundgau und Burgund, und gegen Süden die italienischen Länder Savoyen, Mayland und Venedig. Der Flächeninhalt beträgt 955, und nach andern 1090 Quadraten.

Das Land besteht aus 4 Theilen. 1) Aus den 13 Kantons. Deren sind 7 große, als: Zürich, Bern, Schaffhausen, Basel, Lucern, Freyburg und Solothurn, und 6 kleine, als: Uri, Schweiz, Unterwalden, Zug, Glaris und Appenzell. Im Kanton Uri heißt die Hauptstadt Altdorf, und in Unterwalden Stanz. 2) Aus Freystädten, welche

welche unter dem Schutz eines Kreises stehen,
und für sich eine eigne Verfassung haben, als
Brug, Arau, Lenzburg rc. 3) Aus 21
Unterthanen, worunter 19 Landvogteien,
und 2 Städte. 4) Aus den Bundgenossen,
welche benachbarte Länder sind, die mit den
Eidgenossen im Bund stehen. Diese sind 1)
die reichsfürstl. Abtei St. Gallen. 2) Die
Stadt St. Gallen. 3) Die Stadt Biel.
4, 5, 6) Die drey Bunde der Graubündner,
wo Chur die Hauptstadt. 7) Das Walliser-
land. 8) Das Fürstenthum Neuburg oder
Neuschatel, das dem König von Preußen
gehört. 9) Die Stadt Genf. 10) Die Stadt
Mühlhausen im Sundgau. 11) Ein Theil
des Gebiets des Bischofs von Basel, wo
Neustadt.

Der größte Theil der Schweiz besteht aus
neben und aufeinander stehenden Bergen und
engen Thälern. Die Berge, welche sich nach
und nach von Eis zusammsetzten, heissen Glet-
scher und Firn. Der Landreichthum besteht
hauptsächlich in der Viehzucht, Weine, Baum-
Erd- und Gartenfrüchten, Marmor, Alabaster,
Gyps, reinem Schwefel, Eisen rc. Die Flüsse
sind 1) der Rhein, welcher von 3 Quellen, a)
aus dem Berg Crispalt, b) aus dem Luckman-
ner, c) aus dem Bernardsberg entspringt. 2)
Der Rhodam oder die Rhone, aus dem Berg
Furka. Von den Seen sind der Boden- oder
Costnitzersee und der Genfersee die berühmtesten.

Die

Die Regierungen sind verschieden, mo=
narchisch, aristokratisch, und unter sich republi=
kanisch. Die herrschenden Religionen sind
die katholische und reformirte; katholisch sind
die Kantons Freyburg, Solothurn, Lucern,
Zug, Schweiz, Uri, Unterwalden, ein Drit=
theil von Glaris, und die innern Roden
von Appenzell rc. Die Anzahl sämmtlicher
Einwohner beläuft sich auf 1,847500 Seelen.

III. Die vereinigten Nieder=
lande oder Niederdeutsche (Belgium
foederatum) liegen zwischen dem 52 und 53°½
nördl. Br. grenzen gegen Norden und We=
sten an die Nordsee, gegen Ost an Deutsch=
land, und gegen Süden an Frankreich. Der
Flächeninhalt beträgt 625 Quadraten.

Diese Länder werden nach drey großen
Herrschaften, worunter sie stehen, in die öst=
reichischen (ehmals spanischen) in die fran=
zösischen und vereinigten Niederlande ab=
getheilt. Die östreichischen machen den Rest
des burgundischen Kreißes aus, der bei Deutsch=
land vorkömmt, so, wie der französische bei
Frankreich vorkam. Die Vereinigten, welche
hier allein abgehandelt werden, haben ihren
Namen von dem Bund, mit welchem sich 7
Provinzen vereinigt haben, um sich der spani=
schen Herrschaft zu entziehen. Man nennt sie
auch Holland von der Provinz Holland, welche
eine der vereinigten ist. Die sieben Provinzen
sind

sind 1) Niedergeldern, wo Nimwegen, Noviomagum, die Hauptstadt. 2) Die ehmalige Grafschaft Holland, wo die Stadt Grafenhaag oder Haag der Siß der Generalstaaten, dann die Städte Amsterdam, Leiden, Rotterdam berühmt sind. 3) Die ehmal. Grafschaft Zeeland oder Seeland von 8 Inseln, wo Middelburg die Hauptstadt. 4) Die ehm. Herrschaft Utrecht, wo die Universität dieses Namens. 5) Die Herrschaft Friesland. 6) Die ehm. Herrschaft Oberyssel. 7) Die ehm. Herrschaft Gröningen. Zu dieser gehört die ehm. Grafschaft Drenshe ꝛc.

Von Gewässern sind merkwürdig a) der Südersee, b) das Harlemer Meer; von den Flüssen a) der Rhein, der aus Deutschland durch das Herzogthum Cleve in die Niederlande tritt, und sich in 2 Arme theilt, deren einer die Waal (Vahalis) und der andere der eigentliche Rhein heißt. b) Die Maas (Mosa) fließt zwischen Gelderland und Braband, und vereinigt sich zweimal mit der Waal. 3) Die Schelde (Scaldis).

Das Land ist sehr feucht, aber der Boden vortreflich bearbeitet. Der Landreichthum besteht in Hornviehzucht, Schafzucht, dem Fischfang, Garten- und Baumgewächsen ꝛc. An Getraid hat Holland Abgang, und muß selbes einführen.

Die Regierung ist republikanisch. Die herrschende Religion ist die reformirte; es

werden

werden aber alle gebuldet. Die Anzahl sämmtlicher Seelen beläuft sich auf 2,000000.

IV. Deutschland wird im folgenden Abschnitt besonders abgehandelt.

V. Das Königreich Preussen

liegt zwischen dem 53 und 56° nördl. Breite,
hat gegen Nord Samonten, gegen Ost Lithauen.
gegen Süd Polen, besonders Mascovien, gegen West Polnischpreussen und die Ostsee.. Der
Flächeninhalt beträgt 729 Quadratmeilen.

Preussen ward ehmals in 2 Hauptdeparte-
ments, das deutsche und lithauische, oder
in die 3 Theile Samland, Natangen und Ober-
land; heute aber wird es in 8 Kreiße eingetheilt. Diese sind 1) der schaakische Kreis,
wo Königsberg (Regiomontum) die Hauptstadt des Königreichs am Fluß Pregel; 2) der
tapianische oder insterburgische Kreis; 3) der
brandenburgische; 4) der rastenburgische; 5)
der sehestische; 6) der olezkoische; 7) der or-
telsburgische; 8) der mohrungische und ma-
rienwerderische. Kleinlithauen ist 24 Meilen
lang, und 8 bis 12 breit, darinn die Stadt
Memel.

Das Land ist mit 155 Flüssen durchschnitten, und zählt 107 Landseen. Dahin gehören
1) der strisische Haf (See) welcher bei Pillau
mit der Ostsee zusammhängt. Diese Meerenge
heißt Gatt. 2) Der curische Hafen, vom
Herzogs-

Herzogthum Curland so genannt. Unter den Flüssen sind zu merken 1) die Weichsel, 2) der Pregel, 3) die Memel, 4) die Inster, 5) die Aller.

Der Boden ist sehr fruchtbar, und wird treflich cultivirt. Preussen führt aus Getraid, Flachs, Hanf, Wachs, Honig, Pelzwerk, Schiffsholz, Wald, Potasche c. führt ein Salz, Eisen, Kupfer, Bley, Zinn, Tabak, seidne Zeuge, Tücher, Gewürz, Heringe c.

Die Regierung ist monarchisch, die herrschende Religion die lutherische.

VI. Pohlen liegt zwischen dem 47 und 57° nördl. Br. grenzt gegen Norden an das Königreich Preußen, Liefland und Rußland; gegen Osten an Rußland und die kleine Tartarei; gegen Süden an die Moldau, Siebenbirgen und Hungarn, und gegen Westen an Schlesien, Brandenburg und Pommern. Es enthält 13400 Quadratmeilen, und wird in zween Hauptstaaten, 1) in Groß- und 2) in Kleinpohlen abgetheilt, wozu 3) noch das Großherzogthum Lithauen kömmt.

1) Großpohlen hat 4 Theile, a) das eigentliche Großpohlen oder Niederpohlen, wo 5 Woiwodschaften oder fürstl. Grafschaften; b) Cujavien mit 2 Woiwodschaften; c) Masovien oder Masuren, oder Masau (Palatinatus masoviensis) mit 2 Woiwodschaften, wo Warschau die Residenzstadt an der Weichsel; d) das

d) das polnische Preußen, itzt Neu= oder West=
preußen, mit 3 Woiwodschaften und 1 Land=
schaft; darinn liegt Thorn und Graudenz, auch
Danzig in Kleinpommern.

2) Klein= oder Oberpohlen hat 7 Theile,
nämlich a) Kleinpohlen von 3 Woiwodschaften,
wo Krakau (Cracovia) die Hauptstadt des
Königreichs; b) Podlachien, c) die bellsi=
sche Woiwodschaft; d) Rothreußen, oder
die rußische Woiwodschaft; e) Podolien; f)
die Woiwodschaft Kiow; g) die Woiwodschaft
Wolhynnien.

3) Das Großherzogthum Lithauen nebst
den Herzogthümern Samogitien und Curland.
Jenes besteht aus 2 Theilen: a) das eigent=
liche Lithauen, wo Wilna die Hauptstadt;
b) Lithauischreußen oder Rußland von 4 Thei=
len, wo die Woiwodschaft Polesien, Schwarz=
und Weißreußen. Die Herzogthümer Nieswiz
und Sluk gehören dem Fürst Radzivil; den
größten Theil von den übrigen hat Rußland,
welches auch mit der Woiwodschaft Liefland
gleiche Bewandniß hat. Samogitien (Scha=
maiten) wo Rosiene die ehmalige Hauptstadt.
Das Herzogthum Curland, das in der Länge
50, in der größten Breite 20 deutsche Meilen
hat, besteht aus 3 Theilen, wo im Herzogthum
Semgallen die Hauptstadt Mietau.

Die größten Flüße sind 1) die Weichsel
(Vistula) 2) die Warta, 3) der Dnieper, 4)
der Dniester, 5) die Memel, 6) die Düna.

Pohlen

Pohlen ist etwas kalt, aber gesund. Der Landreichthum besteht im Getraidbau, Vieh= und Pferdzucht, Holz und einigen Bergwerken. Entgegen hat es einen Hauptmangel an Wein.

Die Regierung ist monarchisch = aristokra= tisch. Die herrschende Religion ist die katholi= sche; andere werden geduldet. Die sämmtliche Seelenanzahl in Pohlen und Lithauen rechnet man auf 17 Millionen.

VII. **Hungarn** liegt zwischen dem 46 und 50° nördl. Breite; grenzt gegen Westen an Steuermark, Oesterreich und Mähren, gegen Norden an Schlesien und an das carpa= tische Gebirg, wodurch es von Pohlen getrennt wird, gegen Osten an Siebenbürgen und die Wallachen, und gegen Süden an Servien und Slavonien. Der Flächeninhalt soll, wenn man Illyrien und Siebenbürgen dazu nimmt, auf 4760 Quadratm. sich belaufen. Das Land be= steht 1) aus dem **Königreich Hun= garn**, das in 2 Haupttheile abgetheilt wird, nämlich a) in **Niederhungarn**, wo wieder 2 Kreise sind. Im **Cisdanubiano**, der über der Donau liegt, ist **Preßburg** (Pisonium) ferner die Grafschaften Neitra, Barsch, wo die Bergstadt Kremnitz, Pest, wo die Stadt dieses Namens, und Ofen, die ehmalige Hauptstadt, endlich die Landschaft Kleincumanien merkwür= dig. Im **Transdanubiano**, der unter der Donau liegt, ist Oedenburg (Sopronium) und

H   Stuhl=

Stuhlweiſſenburg (Alba regalis) b) in Ober=
hungarn, das wieder 2 Theile enthält, wo die
Feſtung Großwardein und Temeswar am Fluß
Beg. 2) **Aus dem hungariſchen
Illyrien,** das gegen Süden die europäiſche
Türkey, gegen Oſten Siebenbürgen, gegen Nor=
den Hungarn, gegen Weſten Krain und das
adriatiſche Meer hat. Das feſte Land beſteht
aus den Königreichen a) **Slavonien,** welches
zwiſchen den Flüſſen Drau, Donau und Sau
liegt, wo die Feſtungen Eſſeck, Peterwardein.
b) **Kroatien,** wo Carlſtadt. c) **Dalmatien,**
wo zum ungariſchen Antheil Zengh ꝛc. gehört.
Die kleine Republik Raguſa iſt ebenfalls zu mer=
ken. 3) **Aus Siebenbirgen** (Trans=
ſylvania) das gegen Weſten und Norden an
Hungarn, gegen Oſten an die Moldau, und
gegen Süden an die Wallachey grenzt. Man
theilt das Land in 3 Hauptnationen. a) Die
Sachſen bewohnen 7 Sitze, wo **Hermanſtadt**
der Sitz des ſächſiſchen Grafen. b) Die Hun=
garn bewohnen auf der weſtl. Seite 7 Geſpann=
ſchaften, und 1 Diſtrikt, wo Weiſſenburg. c)
Das Land der Sekler (Terra Siculorum)
nimmt den nordöſtlichen Theil von Siebenbür=
gen ein, und beſteht in 7 Hauptſtühlen.

Unter den Gewäſſern ſind merkwürdig a)
in Ungarn der See Balaton, oder der Platen=
ſee, der Donaufluß, die Theis (Tibiscus)
der ſich 4 Meilen über Belgrad in die Donau
ergießt,

ergießt, in welche sich auch die Flüsse Raab, Waage und Themes ergießen. b) In Illyrien die Drau (Dravus) die in Tyrol entspringt, und unter Esseck in die Donau fällt; die Sau (Sovus) die aus Krain kömmt, und bei Belgrad in die Donau fällt; die Unna, welche Kroatien von Bosnien sondert und in die Sau fällt.

Der Landreichthum besteht in Ungarn in Getraid, vortreflichem Hornvieh, Wein, Pferden, Gold, Silber, Kupfer, Eisen, Quecksilber, Zinnober, Bley, Taback, Safran, Wachs, Wolle, Wildpret, Salz, Fischen ꝛc. In Illyrien, zumal bei den Ragusanern, trift man gute Manufakturen an; in Siebenbirgen sind Weinberge, Gold- und Silberbergwerke, Stahl, Bergsalz, verschiedne Gewässer und Quellen, zahme und wilde Thiere ꝛc. ꝛc.

Die Regierung führt in Ungarn der König nebst den Reichsständen; sie ist dem Haus Oesterreich einverleibt. In Illyrien regiert österreichischer Seits ein Vicekönig, oder der Pan von Kroatien, Slavonien und Dalmatien; auch ist zu Wien eine illyrische Hofdeputation. Im venetianischen Dalmatien regieren Deputirte von der Republik. Zu Ragusa ist ein Magistrat von 60 Personen. In Siebenbirgen gehört die Regierung dem Haus Oesterreich gleichfalls erblich. Die herrschende Religion ist in Ungarn die katholische; Protestanten werden geduldet. In Illyrien ebenfalls die katholische, lutherische,

H 2 refor-

reformirte und Socinianer. Die Anzahl der Einwohner wird auf 10 Millionen und noch höher gerechnet.

C) Von den südlichen Ländern.

Diese sind:

I. Spanien (Iberien, Hesperien)

das zwischen dem 36 und 44° nördl. Breite liegt. Es grenzt gegen Nordost an Frankreich; gegen Norden an das biscaniſche oder cantabriſche Meer; gegen Weſten an Portugal und das atlantiſche Meer, und gegen Süden und Südoſt an das mittelländiſche Meer und die Meerenge Gibraltar. Der Flächeninhalt beträgt 8500 Quadratmeilen.

Spanien beſteht aus feſtem Land und den Inſeln, welche in 15 Provinzen eingetheilt werden. a) **Mitten im Lande** liegt 1) das Königreich Neukaſtilien (Caſtella nova) oder Toledo, das aus 3 Landſchaften beſteht, nämlich aus Algaria, wo die Hauptſtadt Madrit liegt; aus la Sierra und la Mancha. 2) Das Königreich Altkaſtilien, wo die Hauptſtadt Burgos. 3) Oben gegen Norden Galicia, wo die Stadt Compoſtella. 4) Das Fürſtenthum Aſturien, wo die Hauptſtadt Oviedo. 5) Die Herrſchaft Biscaya (Cantabria) wo die Stadt Bilbao. 6) Gegen Oſten das Königreich Navarra, wo Pampelona die Hauptſtadt. Unternavarra liegt in Frankreich. 7) Das Fürſtenthum **Catalonien**, wo Barcelona

lona die Hauptstadt. 8) Das Königreich Ar=
ragonien, wo der Hauptort Saragossa. 9)
Gegen Süden das Königreich Valencia, wo
die Stadt dieses Namens. 10) Das König=
reich Murcia, wo Murcia und Cartagena.
11) Das Königreich Granada, oder Ober=
andalusien, wo Granada und Malaga. 12)
Gegen Westen, Unterandalusien von 3 Kö=
nigreichen: a) Sevilla, wo die Stadt dieses
Namens, und Cadix, wie auch Tarifa und
Gibraltar, welches letztere nach England ge=
hört; dann b) Corduba und Jaen liegen. 13)
Die Landschaft Estremadura. 14) Das Kö=
nigreich Leon. 15) Das Königreich Mallor=
ka (Majorka) welches aus den balearischen
und pithyusischen Inseln im mittelländischen
Meer besteht. Zu jenen gehört a) Majorka,
wo Palma die Hauptstadt, und Minorka,
das engländisch ist. Hier ist der Port Mahon
und die Hauptfestung san Philippe zu mer=
ken. b) In den pithyusischen sind Ivika und
Formentera.

Die Hauptflüsse sind a) der Minho, b)
der Duero, c) der Tajo, d) der Fluß Gua=
diana, e) der Guadalquivir 2c.

Der Landreichthum besteht in Wein, Seide,
Wolle, Fischen und vortreflichen Bergwerken.
Unter den Bergen sind die pyrenäischen Gebir=
ge, über welche nur fünf Straßen nach Frank=
reich führen, die vornehmsten. Sie erstrecken
sich zwischen Spanien und Frankreich von Fuen=

tera=

terabia am Ocean bis Cabo de Creuz am mittelländischen Meer.

Die Regierung ist monarchisch, die Religion die katholische. Die Anzahl sämmtlicher
Seelen beläuft sich auf 11 bis 12 Millionen.

II. **Portugal** (Lusitania) liegt zwischen dem 37 und 43° nördl. Breite; grenzt
gegen Süden und Westen an das atlantische
Meer, und gegen Osten und Norden an Spanien. Der Flächeninhalt beläuft sich auf 1845
Quadratmeilen.

Man theilt es ein 1) in das Königreich
Portugal von 5 Provinzen, als a) Entre
Minho e Duro, wo man die Handlungs-
städte Porto und Viana, nebst der erzbischöfli-
chen Stadt Braga merken kan. b) Tra los
Montes, wo Miranda liegt. c) Beira, wo
Coimbra, ein Bisthum und Universität. d)
Estremadura, wo Lisboa oder Lissabon die
Hauptstadt des Königreichs. e) Alentejo, wo
Evora ein erzbischöfl. Sitz. 2) In das Kö-
nigreich Algarbien von 2 Distrikten. a) La-
gos, wo die Stadt dieses Namens; b) Tavi-
ra. 3) In die Inseln im atlantischen Meer,
als a) Porto santo; b) Madeira, dessen
Wein berühmt ist; c) die 9 azorischen oder
flämischen Inseln.

Die Flüsse ergießen sich sämmtlich ins atlantische Meer, als a) Minho bei der Stadt
Caminha; b) Duro unter der Stadt Porto;
c) Tajo

e) Tajo (Tagus) in Estremadura bei der Hauptstadt Lissabon. 4) Guadiana bei Castro Marino.

Der Landreichthum besteht in Seesalz, Wein, Baumöl, Wolle, Seiden, Marmor und Baumfrüchten. Der Getraidbau, die Manufakturen werden nicht am besten betrieben.

Die Regierung ist monarchisch, die Religion die katholische. Die Anzahl sämmtlicher Seelen beläuft sich auf 2 Millionen.

III. Italien (Saturnien, Oenotrien, Ausonien, Hesperien, Welschland) liegt zwischen dem 37 und 46° nördl. Breite; wird durch das mittelländische Meer von Afrika, durch das adriatische von Dalmatien und Griechenland, und durch die Alpen von der Schweiz und Deutschland abgesondert. Der Flächeninhalt beträgt bei 5625 Quadratmeilen.

Italien wird in das feste Land und in die Inseln, und überhaupt in Ober= Mittel= und Niederitalien eingetheilt.

Oberitalien oder die sogenannte Lombardei enthält a) die Staaten des Königs von Sardinien, nämlich 1) das Herzogthum Savoyen (Ducatus Subaudiä) wo Chambery die Hauptstadt. 2) Das Fürstenthum Piemont (Pedemontium, weil es am Fuß der Gebirge liegt) wo Turin die Hauptstadt am Pofluß und die Grafschaft Niza; das Fürstenthum Oneglia im Genuesischen; die langhischen

H 4　Güter

Güter (Langd) gehören dazu. 3) Das Herzogthum Montferat, wo Casal. 4) Ein Stück
von Mayland, wo Alexandria, Novara und
Tortona liegen. b) Die östreichischen Staaten. 1) Das größte Stück vom Herzogthum
Mayland, wo die Stadt dieses Namens
(Mediolanum) wie auch Pavia (Ticinum,
Papia) und Cremona liegen. 2) Das Herzogthum Mantua, wo die Stadt dieses Namens. c) Die Staaten des spanischen In-
fanten Don Philipps, als 1) die Herzogthümer Parma und Piacenca (Placentia)
wo die Hauptstädte dieses Namens. 2) Das
Herzogthum Guastalla. 3) Das Fürstenthum
Sabionetta. 4) Das Fürstenthum Bozzolo.
d) Die Staaten des Herzogs von Modena,
wo 1) das Herzogthum Modena, und die
Hauptstadt dieses Namens (Mutina) 2) das
Herzogthum Reggio, 3) das Herzogthum
Mirandola, 4) das Herzogthum Massacar-
rara. 5) die Fürstenthümer Carpi, Corregio
und Novellara. e) Vier Fürstenthümer: 1)
Monaco im Genuesischen, 2) Masserano im
Piemontesischen; 3) Kastiglione, 4) Solfe-
rino, beide zwischen Mantua und dem Venetianischen. f) Drey freye Republiken 1) Venedig, wo a) die Stadt dieses Namens; b)
die venetianische Lombardei, wo Padua (Pa-
tavium) Verona, Brescia, Bergamo und
Adria, Vincenza und Crema; c) die trevi-
sanische Mark, wo Treviso; d) ein Theil von
der

der Friaul (Forum Julium) wo Udine; e)
ein Theil von Istrien oder Histerreich, wo Capo
d'Istria (das Uebrige von Friaul und Istrien
besitzt Oesterreich) 2) Die Republik Genua,
wo im östlichen Theil die Hauptstadt dieses Namens, im westl. Savona. 3) Die Republik
Lucca, wo die Hauptstadt dieses Namens.

Im Mittelitalien liegt A) das päbstliche
Gebiet oder der Kirchenstaat von 13 Provinzen, wo 1) in Campagna di Roma (ehm.
Latium) Rom an dem Tiberfluß liegt. 2) Pa-
trimonium Petri, wo Civitavechia und Viterbo,
Arminium und Monte Fiascone. 3) Das Herzogthum Kastro und Ronciglione. 4) Die
Landschaft Sabina. 5) Das Gebiet Orvieto.
6) Das Gebiet Perugia, wo der Lacus Trasi-
menus, bei welchem Hanibal die Römer schlug.
7) Das Herzogthum Spoletto oder Umbria.
8) Die Grafschaft Castello. 9) Die Mark
Ancona, wo Ancona und Loreto. 10) Das
Herzogthum Urbino, wo Urbino die Hauptstadt. 11) Die Landschaft Romagna, wo
Ravenna, Rimini. 12) Das Gebiet Bologna.
13) Das Herzogthum Ferrara. Ueberdieß besitzt der Pabst das Herzogthum Benevento in
Neapel, und den Staat von Avignon, nebst
der Grafschaft Venaißin in Frankreich. B)
Das Großherzogthum Florenz oder Tosca-
na (ehm. Etruria, auch Tuscia genannt) von
3 Gebieten: 1) dem florentinischen, wo Florenz; 2) dem bisanischen, wo Pisa (Colonia

H 5 Julia)

Julia) und **Livorno**; 3) dem ſieniſchen, wo
Siena. c) **Stato di gli Preſidii**, dem Könige beider Sicilien angehörig, liegt an und in
dem Meer, wo 1) das Fürſtenthum Piombino,
2) Orbitello ꝛc. D) Die kleine Republik St.
Marino. In dieſen bisher angeführten Ländern haben der Kaiſer und das deutſche Reich
viele anſehnliche Lehen, als die Herzogthümer
Savoyen, Montferat, Mayland, Mantua,
Parma, Piacenza ꝛc. ꝛc.

In **Niederitalien** liegt **das Königreich
Neapolis** von 4 Landſchaften, welche wieder
in 12 kleinere eingetheilt werden. Jene ſind 1)
Terra di Lavoro, wo Neapel liegt. In der
Gegend herum liegen verſchiedne bei den Römern berühmte Oerter, als a) die Grotta del
Monte di Pauſilippo, welche einen durch die
Felſen in gerader Linie gehauten Weg von 700
Schritten hat. b) Pozzuolo (Puteoli) c) der
See Averno. d) Die Grotta di Sibylla Cu-
mana. e) Baja. Man ſieht hier noch die
Ueberreſte von Cäſars und Neros Palläſten.
f) Portici, nun ein königl. Luſtſchloß nicht weit
vom Berg Veſuvius. In dieſer Gegend lagen
die verſunknen Städte Stabia und Herkula-
num. g) Caſerta. 2) Abruzzo. 3) Apula-
gia. 4) Calabria.

Von den Inſeln ſind zu merken: A) Unter den größern 1) die Inſel und Königreich Sicilien, welches mit Neapel vereinigt
iſt, mit 3 Thälern: a) **Val di Mazara**, wo
Paler-

Palermo (Panormus) die Hauptstadt, und
der Sitz des Unterkönigs. b) Val di Demo-
na, wo Meßina (Messana) c) Val di No-
to, wo Catana nicht weit vom Berg Aetna,
und Siracusa. 2) Die Insel und Königreich
Sardinien, dem Herzog von Savoyen angehörig, von 2 Theilen: a) Capo cagliari, oder die
südliche Küste. b) Capo di logodari, oder die
nördl. Küste. Cagliari ist die Hauptstadt. 3)
Die Insel und Königreich Corsica, wo Bastia.
B) Unter den kleinen Inseln versteht man 1)
Malta unter Sicilien, dem Johanniterorden
gehörig; 2) die liporischen oder äolischen Inseln an der Nordseite Siciliens; 3) die ägadi-
schen Inseln; 4) die tremitischen auf dem
Golfo di Venetia; 5) die Inseln Porcita,
Ischia 2c. 6) die Inseln im toscanischen Meere;
7) die Inseln bei Sardinien.

Italiens Fruchtbarkeit und Wohlstand ist
bekannt; doch leidet es Mangel an Getraid,
besonders in Neapel, im Kirchenstaat, Savoyen
und Genua, und muß sich durch die Zufuhr
aus Sicilien, Afrika und andern Ländern un-
terstützen lassen. Die Regierung ist im Königs-
reich beider Sicilien, im Königreich Sardinien,
und in Ländern, welche eigne Herren haben,
monarchisch. Der Pabst, der von 70 Kardinä-
len, und der Großmeister von Malta, der von
seinem Ordenskapitel erwählt wird, sind gleichfalls unumschränkt. In den freyen aristokrati-
schen Republiken ist ein großes Rathskollegium,
dessen

deſſen Oberhaupt in Venedig ein lebenslängli-
cher, in Genua ein zweijähriger Doge iſt. Die
Religion iſt durchaus die katholiſche. Die
Volksmenge beläuft ſich auf 12 Millionen.

IV. Die europäiſche Türkey

liegt zwiſchen dem 35 und 46° nördl. Breite;
grenzt gegen Norden an das hungariſche Kroatien, Slavonien, Hungarn, Siebenbirgen, Pohlen und Rußland; gegen Oſten an den Archipelagus, das aſſowiſche und ſchwarze Meer;
gegen Süden an das mittelländiſche und gegen
Weſten an das adriatiſche Meer, nebſt dem hungariſchen, venetianiſchen und raguſaniſchen Dalmatien. Alle Länder, die Krimm mitgerechnet,
belaufen ſich auf 10544 Quadratmeilen.

Man kann das ganze Reich in das nördliche und ſüdliche theilen. A. In der ſüdlichen europäiſchen Türkey liegt: 1) Roma-
nien, ſonſt Tracien, von 3 Sandſchakſchaften.
Hier ſind a) Adrianopel; b) Konſtantinopel (Iſtambol) ehm. Byzanz; c) Gallipoli,
eine Stadt und Hafen an der Meerenge Helle-
ſpont, welche Europa von Aſien ſcheidet. Beim
Eingange dieſer Meerenge liegen die Dardanellen, wo ehm. Seſto und Abydo lagen. d) In
dieſer Landſchaft liegen die Berge Hämus und
Rhodope. 2) Macedonien, wo a) der Berg
Athos, b) Salonichi, eine Handelsſtadt. 3)
Albanien, ſonſt das alte griechiſche Illyrien
und Epirus. 4) Theſſalien oder Janna, ehm.

Pelas-

Pelasgia, wo die berühmten Berge Pindus, Olympus, Pelion, Ossa, und das schöne Thal Tempe. Larissa ist die Hauptstadt. 5) Liva- dien, das alte eigentliche Griechenland, wo a) Lepanto am Ufer des lepantischen, ehm. corin- thischen Meerbusens; b) die Dardanellen, wel- che den Eingang dazu beschützen; c) Castri, ehm. Delphos; d) Setines, ein Dorf, ehm. das berühmte Athen; e) Stives, ehm. The- ben. 6) Morea, eine Halbinsel, sonst Pelopo- nesus, von 4 Distrikten. Darinn sind a) Co- rinth; b) Argos und Mycene; c) Napoli di Romania; d) Misitra am Fluß Eurotas, ehm. Sparta, Lacedämon, die Hauptstadt von Laco- nien; e) Napoli di Malvasia; f) Maina; g) Modon; h) Sconri, ehm. Olympia. 7) Die Inseln um Griechenland: a) Im Archipelagus oder dem ägäischen Meer, an der Zahl 37. Die um Delos liegen, werden Cyclades, das ist, Zirkelinseln, und die weiter entfernten Spo- rades oder zerstreute Inseln genannt. b) Im mittelländischen Meer ist Kandia, ehmals Creta. Hier ist der berühmte Labyrinth. c) Im jonischen Meer le Sapienze, ehmals die sphagischen Inseln.

B. In der nördlichen Türkey liegen 1) ein Stück von Krvatien; 2) eines von Dal- matien; 3) das Königreich Bosnien; 4) das Königreich Serbien, wo Belgrad oder Griechisch-Weissenburg (Alba Gráca) 5) Bulgarien, von 4 Abtheilungen, wo Sophia die

die Hauptstadt; 6) das Fürstenthum Wallachen; 7) das Fürstenthum Moldau; 8) das
Fürstenthum Beſſarabien; 9) die otſchakowi-
ſche Provinz, oder das Land zwiſchen der Dnieſter und Dnieper, darinn a) das türkiſche Gebiet, wo Oczakow; b) das ruſſiſche, wo Neu-
ſervien oder Neurußland. 10) Die kleine
Tartarey, oder das Gebiet des crimmiſchen
Khans, wo Kaffa, eine Handelſtadt.

Von den Gewäſſern ſind außer dem ſchwar-
zen Meere, Mare di Marmora, dem ägäiſchen,
joniſchen und mittelländiſchen, außer den verſchiednen Meerbuſen und den Meerengen Helle-
ſpont oder Fretum der Dardanellen, dem Bosphorus Tracius bei Konſtantinopel, und Euri-
pus bei Livadien zu merken unter den Flüſſen,
die Sereth, Pruth und Dnieſter in der Moldau, der Dnieper in der Tartarei, die Aluta
in der Wallachen, die Donau in Bulgarien,
Bosna in Bosnien ꝛc.

Das Klima iſt außerordentlich gut und ſanft,
und der Boden fruchtbar, der indeß nicht am
beſten benutzt wird. Die Regierung iſt mo-
narchiſch. Die herrſchende Religion iſt die
mohämedaniſche; andere werden geduldet. Die
Handlung geſchieht mit Hornvieh, Pferden,
Seide, Wolle, Wachs, Honig ꝛc. dagegen werden Gold, Silber, Eiſen, Bley, Zinn, Tücher,
Stoffe, Zucker eingeführt. Die ſämmtliche
Seelenanzahl beläuft ſich auf 16 Millionen,
welche indeß von andern weit geringer angegeben wird.

§. IV.

§. IV.

Deutſchland.

Deutſchland liegt zwiſchen dem 45 und 54° nördl. Breite; grenzt gegen Oſten an Hungarn, Slavonien, Kroatien, Pohlen und Polniſchpreußen; gegen Weſten an die Nordſee, Niederland und franzöſiſche Staaten; gegen Norden an die Oſtſee und Schleßwig, welches durch den Eyderfluß von Hollſtein abgeſondert wird; gegen Süden an Italien, die Schweiz und das adriatiſche Meer. Der Flächeninhalt enthält bei 11124 Quadratmeilen.

Man hat die meiſten der deutſchen Staaten in 10 Kreiße eingetheilt, von den viere, als a) der öſterreichiſche, b) der baieriſche, c) der ſchwäbiſche, d) der fränkiſche gegen Mittag; drey, nämlich a) der oberrheiniſche, b) der niederrheiniſche, c) der burgundiſche gegen Abend; und die leztern drey, als a) der oberſächſiſche, b) der niederſächſiſche, c) der weſtphäliſche gegen Norden liegen. Jeder dieſer Kreiße hat einen oder mehrere ausſchreibende Fürſten und Direktoren. Zu Deutſchland gehören überdieß a) das Königreich Böhmen, b) die Markgrafſchaft Mähren, c) das Herzogthum Schleſien und die Grafſchaft Glatz, d) die Markgrafſchaft Lauſitz,

ſitz, e) verſchiedne Herrſchaften, Reichsabteyen
ꝛc. f) die italieniſchen Reichslehen.

Unter den Gewäſſern ſind außer der Nordſee beim weſtphäliſchen und niederſächſiſchen
Kreiße, der Oſtſee beim niederſächſiſchen und
oberſächſiſchen Kreis, dem adriatiſchen Meer
beim öſterreichiſchen Kreiße, und dem Boden-
oder Koſtnitzerſee im ſchwäbiſchen Kreiße die
ſechs großen Hauptflüſſe: 1) die Donau (Da-
nubius) welche in Schwaben bei Doneſchin-
gen entſpringt, durch Baiern, Oeſterreich, Ungarn und mit 7 Ausflüſſen ins ſchwarze Meer
fällt. 2) Der Rhein (Rhenus) welcher in
der Schweiz bei dem grauen Bund entſpringt,
unter Rheineck in den Bodenſee fällt, bei Koſt-
nitz wieder heraus und durch den Zellerſee fließt,
bei Mannheim den Fluß Neckar, bei Maynz
den Maynſtrom, bei Koblenz die Moſel auf-
nimmt, und ſich in den Niederlanden bei Leiden nach verſchiednen Abtheilungen im Sand
verliert. 3) Die Elbe (Albis) welche im
ſchleſiſchen Fürſtenthum Jauer auf dem Rie-
ſengebirg entſpringt, Böheim, die beiden niederſächſiſchen Kreiße durchläuft, und in die
Nordſee fällt. 4) Die Weſer (Viſurgis)
welche aus den beiden Flüſſen, Werra im
Fürſtenthum Hildburgshauſen, und Fulda im
Fuldaiſchen zuſammgeſetzt wird, den niederſächſiſchen und weſtphäliſchen Kreis durchfließt
und in die Nordſee fällt. 5) Der Mayn
(Macnus) der bei Maynz in den Rhein fällt.

6) Die

6) Die Oder (Odera, Viadrus) welche in Mähren im Olmützer Kreis entspringt, und in die Ostsee fällt. Kleinere Flüsse sind der Nekkar, die Mosel, die Saal, der Inn, der Lech, die Isar ꝛc.

Der Kaiser ist das Oberhaupt der gesamten Stände des römischen Reichs; allein er muß in wichtigen und bedungnen Dingen die Einwilligung der unmittelbaren Reichsstände voraushaben. Zu dem Ende ist in Regensburg der beständige Reichstag festgesetzt. Die Reichsstände theilen sich in ihren Berathschlagungen in 3 Kollegia, a) in das kurfürstl. Kollegium von 8 Chur- oder Wahlfürsten, unter welchen 3 geistliche: 1) der Churfürst von Maynz, als Erzkanzler und Direktor des kurfürstl. Kollegiums; 2) der Churfürst von Trier, mit dem Titel Erzkanzler durch Gallien und das arelatische Königreich; 3) der Churfürst von Köln, mit dem Titel, Erzkanzler durch Italien; und 5 weltliche, nämlich: 1) der Churfürst und König von Böhmen, des heil. R. R. Erzschenk; 2) der Churfürst von Pfalzbaiern, Erztruchses; 3) der Churfürst von Sachsen, Erzmarschall; 4) der Churfürst von Brandenburg, Erzkämmerer; 5) der Churfürst von Braunschweig-Lüneburg, Erzschatzmeister. b) In das fürstliche Kollegium, welches wieder in 3 Bänke, 1) in die geistliche von 36 Stimmen,

I 2) in

2) in die weltliche von 63 Stimmen, wo die Reichsgrafen und Reichsherren abermals in 4 Bänke, in die wetterauische, schwäbische, fränkische und westphälische abgetheilt sind. 3) In die Querbank, auf welcher der säkulari=sirte Bischof von Lübeck, und auch Osnabrück, wenn es einen protestantischen Landsherrn hat.

c) In das reichsstädtische Kolle=gium, wo 50 votirende Stimmen, die in 2 Bänke, a) in die rheinische von 13, und b) in die schwäbische von 37 Stimmen abgetheilt sind. Die vornehmsten Reichsgerichte sind 1) der Reichstag zu Regensburg, 2) der Reichshofrath, welcher am kaiserl. Hof ge=halten wird, und allein vom Kaiser, der des=selben Richter ist, abhängt. Er besteht aus 2 Bänken, worunter auf der gelehrten 10, auf der Herrenbank 8 sitzen. 3) Das Reichskam=mergericht zu Wetzlar von 2 Präsidenten und 25 Beysitzern.

Die vornehmsten Reichsgrundsätze sind a) die goldene Bulle Kais. Karls IV von 1536, welche die Wahl und Krönung eines Kaisers, die Reichsvakanzen und Vorrechte der Churfür=sten betrift. b) Der Landfrieden von 1495, durch welchen alle Befehdungen aufgehoben, und der innere Friede im deutschen Reich also festgesetzt worden, daß kein Stand des Reichs den andern eigenmächtiger Weise angreifen, oder sonst beschwerlich fallen darf. c) Der Reli=
gions=

gionsfriede, welcher 1555 zu Augsburg, und der weſtphäliſche, welcher 1648 zu Münſter und Osnabrück geſchloſſen worden.

Wenn bey Lebzeiten eines Kaiſers von den Churfürſten im Name des Reichs ein Nachfol= ger erwählt wird, ſo nennt man ihn den rö= miſchen König. Iſt aber der Kaiſerſitz ledig, ſo wird das Reich indeß durch Vikarien oder Reichsverweſer regiert. Dieſe ſind 1) der Chur= fürſt von Sachſen in den oberſächſiſchen, nie= derſächſiſchen und weſtphäliſchen Kreiſen, 2) der Churfürſt von Pfalzbatern in den übrigen Kreiſen. 3) Der König von Sardinien, als Herzog von Savoyen, in den noch übrigen ita= liſchen Reichskreiſen.

Was die Religion betrift, ſo genießen die Katholiſche, die lutheriſche, dann die kalvi= niſche oder reformirte gleiche Rechte; doch wer= den auch andere, und zumal die Juden, faſt überall geduldet.

Gegenwärtig ſind in Deutſchland 2300 Städte, noch etwas mehrere Marktflecken, und über 80000 Dörfer, ohne der groſſen Menge von Ritterſitzen, Klöſtern, Schlöſſern ꝛc. zu ge= denken. Die Seelenanzahl beträgt über 24 Millionen.

I **Der öſterreichiſche Kreis** liegt ungefähr unter dem 45½ und 48½ Gr. nördl. Br. grenzt gegen Norden an Mähren, Bö= heim, und den baieriſchen Kreis, gegen We=

ſten

ſten an Helvetien, gegen Süden an das Gebiet
der Republik Venedig, und das adriatiſche Meer, und gegen Oſten an das hungariſche Illyrien, und an Hungarn. Die ſämtl.
Kreisländer betragen 2025 Quadratmeilen.

Die Stände dieſes Kreiſes ſind a) das Erzhaus Oeſterreich, b) der Biſchof zu Trient,
c) der Biſchof zu Brixen, d) der deutſche Or-
den wegen verſchiednen Balleyen, e) der Fürſt
von Dietrichſtein wegen der Herrſchaft Traſp
in Tyrol. Kreisausſchreibender Fürſt, Direktor und Oberſter iſt der Erzherzog von Oeſterreich. Dieſer Kreis hält 6 Provinzen in ſich.

1) Das Erzherzogthum Oeſterreich
(Auſtria) von 2 Theilen, wo a) im Land
unter der Ens die Hauptſtadt Wien (Viena)
b) im Land ober der Ens, Linz (Lentia) ge-
merkt werden kann. Jeder jener Theile iſt in
4 Viertel abgetheilt.

2) Das Herzogthum Steyermark,
(Styria) grenzt gegen Norden an Oeſterreich,
gegen Oſten an Hungarn, gegen Süden an
Krain, und gegen Weſten an Kärnthen und
Salzburg. Im nördlichen Theil, den man
Oberſteyermark nennt, liegt Judenburg,
in Unterſteyermark die Hauptſtadt Gräz,
ehmals baieriſch Graz, am Fluß Murr. —
Die Grafſchaft Zilli (Zeleia).

3) Kärnthen (Carinthia) grenzt gegen
Morgen an Steyermark, gegen Mitternacht
an ebendieſelbe und an Salzburg, gegen Abend

an

an Tyrol, und gegen Mittag an Krain. Kla=
genfurt ist die Hauptstadt.

4) Krain (Crania) grenzt gegen Nord an
Kärnthen und Steyermark, gegen West an
Friaul, die Grafschaft Görz, und einen Theil
des venediger Meerbusen oder adriatischen
Meers, gegen Süd an das Antheil von Hi=
sterreich, welches Venedig besitzt, und gegen
Ost an Liburnien, Dalmatien und Kroatien.
Das Land besteht eigentlich aus 5 Theilen, wo
Laubach (Labacum) an dem Fluß gleiches
Namens die Hauptstadt ist. Zu dem Land ge=
höret das österreiche Friaul, worinn in der
gefürsteten Grafschaft Gradisca die Stadt
gleiches Namens, in der Grafschaft Görz die
Stadt Görz (Goritia) und auf dem idrianer
Boden die Bergstadt Idria liegen. — Das
Littorale Austriacum, oder die österreichischen
Seepläze am adriatischen Meer enthalten im
Gebiet von Aquileia eine Stadt gleiches Na=
mens, wie auch die Stadt Triest (Tergestum)
den Hafen Fiume oder St. Veit ꝛc.

5) Die gefürstete Grafschaft Tyrol
grenzt gegen Norden an Bayern und Schwa=
ben, gegen Ost an Salzburg und Kärnthen,
gegen Süd an Italien, und gegen West an
das Graubündnerland und den schwäbischen
Kreis. In der eigentlichen Grafschaft liegen
die Hauptstadt Inspruck (Oenipontum) die
Städte Hall, Meran, Bozen, Arco, Rovore=
do ꝛc. Hieher gehören ferner a) das weltliche

Ge=

Gebiet des Bischofs zu Brixen, wo die Stadt
dieses Namens (Brixinum) b) das Gebiet
des Bischofs zu Trient (Tridentum) mit der
Hauptstadt dieses Namens am Fluß Etsch.

6) Die vorderösterreichischen Länder
liegen im schwäbischen Kreis, und werden überhaupt in 3 Theile abgetheilt. a) In das österreichische Breisgau, wo die Stadt Freyburg ꝛc. b) in das schwäbische Oesterreich,
wo an der Donau die Markgrafschaft Bur-
gau, die Landgrafschaft Nellenburg gegen
Schafhausen, und Kostanz am Bodensee,
die Reichslandvogtey Altdorf und Ravens-
burg, die Grafschaft Hohenberg, wo Rot-
tenburg am Neckar, die 5 Donaustädte Mun-
derkingen, Waldsee, Sulgen, Riedlingen
und Mengen: c) In die vorarlbergischen Herrschaften an der Schweiz, wo die Grafschaften
Sonneberg, Feldkirch ꝛc. liegen.

Die größten Flüsse sind die Donau, die
Drau in Kärnthen und Steuermark, die Sau
in Krain, der Inn und Etsch. Unter den
Seen der Zirknitzer See ꝛc.

Das Land unter der Ens enthält 34
Städte, 124 Märkte, 1510 Dörfer, 1,697067
Seelen; das Land ober der Ens 12 Städte,
81 Märkte, 643 Dörfer, 401550 Seelen ohne
dem Innviertel. Steyermark zählt 26 Städte,
100 Märkte, 503155 Seelen; Kärnthen 11
Städte, 285440 Seelen; Krain 21 Städte,
395077 Seelen; Tyrol 12 Städte, 589241;

Vor-

Vorderöſtreich 94026 Seelen, welche Anzahl wahrſcheinlich etwas größer anzunehmen iſt.

Die Regierung iſt in Ermanglung der männlichen Linie, auch auf den weiblichen Stamm erblich.

II. Der baieriſche Kreis folgt unten.

III. Der ſchwäbiſche Kreis, welcher zwar nicht das ganze Schwabenland, aber doch den größten Theil deſſelben begreift, liegt zwiſchen dem 47½ und 49½ Gr. nördl. Br. grenzt gegen Süd an Helvetien, an den Boden- ſee, und die öſterreichiſchen Herrſchaften vor dem Arlberg; gegen Nord an Franken und die Pfalz, gegen Weſt an den Rhein, und gegen Oſt an den Lech. Der Inhalt der Kreisländer beläuft ſich auf 729 Quadratm. Man kann das Land nach fünf Bänken betrachten.

A. Die Bank der geiſtlichen Stifter und Fürſten enthält 1) das Hochſtift Koſtanz oder Koſtniß, welches in Oberſchwaben an beyden Seiten des Boden- ſees liegt, wo Merſeburg die Hauptſtadt. 2) Das Hochſtift Augsburg, deſſen Länder zwi- ſchen den Flüſſen Lech, Iler und Donau zer- ſtreut liegen, wo die Hauptſtadt Dillingen (Dilinga). 3) Die fürſtliche Probſtey Ellwangen, wo die Stadt dieſes Namens. 4) Die fürſtliche Abtey Kempten auf bey-

J 4 den

den Seiten der Iler, wo die Stadt dieses Namens.

B. **Auf der Bank der weltlichen Fürsten** sind 1) Der Herzog von Würtemberg und Teck, wo im Herzogthum Würtemberg Stuttgard, die Haupt= und Residenzstadt, Tübingen am Neckar rc. 2) Die Markgrafschaft Baaden=Baaden, wo in der obern Markgrafschaft die Residenzstadt Rastatt, dann im Amt Baaden die Hauptstadt dieses Namens, und im Amt Kehl die Reichs= festung Kehl. Hieher gehört der größte Theil von der Grafschaft Eberstein, die Herrschaft Mahlberg, und das Amt Staufenberg in der Ortenau. 3) Der Markgraf von Baden= Durlach, wo Karlsruhe die Residenzstadt, Durlach die Hauptstadt ist. Hieher gehö= ren die Markgrafschaft Hochberg, die Land= grafschaft Sausenberg, und die Herrschaft Badenweiler. 4) Die gefürstete Grafschaft Hohenzollern=Hechingen, wo die Bergfe= stung Hohenzollern und Hechingen die Resi= denzstadt. 5) Das Fürstenthum Hohenzoller= Siegmaringen, wo die Residenzstadt dieses Namens an der Donau. 6) Der Fürst von Fürstenberg, dem das Fürstenthum dieses Namens, oder die Landgrafschaft Baar ange= hörig. 7) Das Fürstenthum Oettingen= Spielberg, wo Oettingen die Residenzstadt. 8) Das Fürstenthum Oettingen=Waller= stein.

1.

ſtein, wo Wallerſtein. 9) Die gefürſtete Graf=
ſchaft Klettau, das dem Fürſten von Schwar=
zenberg angehörig, wo Thüngen der Haupt=
ort. 10) Die unmittelbaren Reichs= Graf= und
Herrſchaften Vaduz und Schellenberg jen=
ſeits des Bodenſees am Rhein, dem Haus Lich=
tenſtein angehörig. 11) Die gefürſtete Graf=
ſchaft Thengen zwiſchen Fürſtenberg und
Schaffhauſen in der Schweiz. 12) Lindau
und Buchau, zwo weibliche gefürſtete Abteyen,
welche in Reichsſtädten dieſes Namens liegen.

C. Zum Prälatenſtand gehören 16 Manns=
abteyen und 4 Abtißinnen.

D. Die Bank der Graf= und Herrſchaften
enthält 26 Stimmen, worunter Wieſenſteig,
Mindelheim und Schwabeck an Baiern ge=
hörig.

E. Die Bank der Städte von 31 Reichs=
ſtädten, worunter 10 katholiſche, 15 theils ganz
oder meiſt proteſtantiſche, und 6 vermiſchte ſind.
Dahin gehören Augsburg, Ulm, Memmin=
gen ꝛc.

Unter den Gewäſſern ſind zu merken: der
Boden= oder Koſtnitzerſee (Lacus bodamicus)
der Fedenſee bey Buchau; dann die Flüſſe, die
Donau, der Neckar, der Kocher (beyde im
Würtembergiſchen) die Iler, der Lech.

IV. Der rheiniſche oder ober=
rheiniſche Kreis liegt zwiſchen dem 49
und 52° nördl. Breite, grenzt an den churrhei=
J 5 niſchen,

niſchen, von dem er eigentlich durchſchnitten
wird, an den weſtphaͤliſchen, niederſaͤchſiſchen,
oberſaͤchſiſchen, fraͤnkiſchen und ſchwaͤbiſchen
Kreis, und an das Elſaß und Lothringen (in
welchen letztern Laͤndern auch einige oberrheiniſche Kreislaͤnder liegen) und betraͤgt bey 960
Quadratm. Darinn ſind

A. **Unter den geiſtlichen Laͤn-
dern** 1) fuͤnf Bisthuͤmer, als a) das Hochſtift Worms am Rhein, b) das Hochſtift
Speyer, wo Bruchſal die Reſidenzſtadt iſt.
c) Das Hochſtift Baſel, wo Bruntrut der
ordentliche Biſchofſitz; daher gehoͤren einige
Staͤdte der Eidgenoſſenſchaft, welche den Biſchof als ihren Herrn erkennen, z. B. Biel,
Neuenſtadt, Bonneville ꝛc. d) Das Hochſtift Straßburg, wo Elſaß-Zabern der bi-
ſchoͤfl. Sitz. e) Das Hochſtift Fulda, wo die
Stadt dieſes Namens. 2) Das Johanniter-
meiſterthum Heitersheim, wo der Großprior
Reichsfuͤrſt iſt. 3) Die Probſtey Weiſſenburg in Niederelſaß. 4) Die Abtey Pruͤm im
Trierſchen, deſſen Adminiſtrator der Churfuͤrſt
von Trier iſt. 5) Die Abtey Odenheim, oder
das Ritterſtift Bruchſal in der Stadt dieſes
Namens.

B. **Unter den weltlichen Laͤn-
dern** I. an der weſtlichen Seite des Oberrheins 1) die gefuͤrſtete Grafſchaft Muͤmpel-
gard, welche dem Herzog von Wuͤrtemberg ge-
hoͤrt.

hört. 2) Das Weſtreich an der Sar, wo das Herzogthum Zwenbrücken, und die Haupt: ſtadt dieſes Namens (Bipontum, Geminus Pons). — Daher gehören das Fürſtenthum Birkenfeld, und die Grafſchaft Lützelſtein in Unterelſaß, und ein Antheil an der hintern Grafſchaft Sponheim. Das übrige gehört an Frankreich, das Haus Naſſau, die Wild: und Rheingrafen, den Grafen von Wiedrunkel, die zwey gräfl. Häuſer Leiningen. 3) Das Reich der Hunnen, oder Hunsrück, darinn ſind churpfälziſche Beſitzungen, als das Herzogthum Simmern, das Fürſtenthum Lautern, das Fürſtenthum Veldenz, einen Theil von der Grafſchaft Sponheim, von welchen unten die Rede ſeyn wird. Den einten Theil von Spon: heim, wo Trarbach an der Moſel liegt, beſitzt der Herzog von Zwenbrücken, ſo wie Baaden= Baaden zwey Fünftheile. Die Grafſchaft Rheingrafenſtein gehört den Wild : und Rheingrafen, und die Grafſchaft Falkenſtein dem Haus Oeſterreich. II. An der öſtlichen Seite des Oberrheins 1) die Landgrafſchaft Heſſen, wo zwey regierende Häuſer. a) In Niederheſſen beſitzt Heſſencaſſel den größten Theil, wo die Reſidenzſtadt gleiches Namens am Fluß Diemel. — Heſſenphilippsthal, Heſſenrheinfels, 2 Nebenlinien, und der Chur: fürſt von Maynz beſitzen gleichfalls gewiſſe Di: ſtrikte. b) In Oberheſſen beſitzt Heſſendarm= ſtadt den größten Theil, darinn iſt die Feſtung

Gie=

Gieſſen. Heſſencaſſel beſitzt die Landſchaft
an der Lahm, wo Marburg die Hauptſtadt.
2) Die Grafſchaft Katzenellenbogen, wovon
Heſſendarmſtadt die obere Grafſchaft, wo
Darmſtadt liegt, Heſſenrheinfels aber die
niedere beſitzt. Rheinfels iſt eine gute Feſtung
am Rhein. 3) Das Fürſtenthum Hersfeld,
welches an Heſſencaſſel gehört. 4) Die Wetterau am Fluß Wetter, wovon zum oberrhei-
niſchen Kreis verſchiedne fürſtliche und gräfliche
Häuſer, als von jenen Waldeck, Naſſau,
Solms ꝛc. von dieſen Hanau, wo Hanau
eine Stadt am Fluß Künzing, Witgenſtein,
Königſtein, die Wild- und Rheingrafen ꝛc.
gehören. Die Grafſchaft Hanaulichtenberg
in Niedereiſaß iſt heſſendarmſtädtiſch.

C. Die Reichsſtädte. 1) Frankfurt
(Francofurtum) am Mayn; 2) Speyer
(Spira, Civitas Nemetum) am Rhein; 3)
Worms (Wormatia) am Rhein; 4) Fried-
berg, eine Stadt in der Wetterau; 5) Wetz-
lar an der Löhn.

V. Der Nieder- oder churrhei-
niſche Kreis enthält 4 Churfürſtenthümer.

1) (Im ſüdöſtlichen Theil) das Chur-
fürſtenthum Maynz, wo Maynz (Mogun-
tia, Moguntiacum) die Hauptſtadt am Rhein
liegt, in den ſich nicht weit von der Stadt der
Mayn

Mayn ergießt; Aschaffenburg, die Residenzstadt am Mayn, Gernsheim am Rhein; daher
gehört a) die Stadt Erfurt (Erfortia, ehm.
Erphes, Erpisfurt) mit 73 Dörfern; b) das
Eichs- oder Eisfeld, wo 4 Städte, 3 Flecken,
150 Dörfer, und unter den ersten Heiligen-
stadt. c) Die Aemter Fritzlar, Naumburg
und Amöneburg in Hessen.

2) Das Churfürstenthum Pfalz, wo-
von unten gehandelt wird. — Hieher gehört
die Grafschaft Beilstein, an der Lahn, im
W. von Solms, dem fürstl. Haus Nassau-
Oranien-Diez gehörig; ferner die Grafschaft
Niederisenburg, im N. von Koblenz, und der
Rheinbeugung, theils churtrierisch, theils dem
Grafen von Wied-Runkel, theils dem Frey-
herrn von Walderdorf gehörig.

3) (Im nordwestl. Theil) Das Churfürstenthum Trier, größtentheils an der Nie-
dermosel. Es besteht aus 2 Theilen. a) Im
obern Erzstift liegt Trier (Treviri, Augusta
Trevirorum) die Hauptstadt; b) im untern
Erzstift liegt im Amt Ehrenbreitstein die
Stadt Koblenz (Confluentia) beym Einfluß
der Mosel in den Rhein.

4) Die Lande, welche dem Erzstift Köln
angehören, sind größtentheils durch fremde Gebiete von einander abgesondert. Der Haupt-
theil liegt am Rhein, und erstreckt sich vornehmlich zwischen den Herzogthümern Jülich und
Berg

Berg über 20 Meilen in der Länge, ist aber in den meisten Gegenden sehr schmal. Ein anders Stück liegt zwischen dem Herzogthum Jülich und Erzstift Trier ꝛc. Im obern Erzstift liegt Bonn, die Hauptstadt; im untern Erzstift die Stadt Nuis, oder Neuß an der Erst, welche unweit derselben in den Rhein fällt; dazu gehören a) die Grafschaft oder Vest Recklingshausen, b) das Herzogthum Westphalen, welches 25 Städte enthält, worunter die Stadt Arensberg der Hauptort der herzogl. Regierung ist.

VI. Der burgundische Kreis,

worunter man heut zu Tag alles, was das Haus Oesterreich in den Niederlanden besitzt, versteht, liegt größtentheils zwischen den holländischen, lüttichischen und französischen niederläsidischen Staaten. Darinn sind

A. 4 Herzogthümer, als 1) das Herzogthum Brabant, wo im östreichischen Theil gegen Süden a) Loeven, oder Leuven (Lovania) die erste Stadt in Brabant, b) Brüssel (Bruxellä), c) Antwerpen, d) Mecheln (Malinä) liegen. — Das holländische Brabant liegt gegen Mitternacht, wo die bekannten Festungen Mastricht, Breda, Herzogenbusch, Bergenopzoom sind. Im ganzen Herzogthum Brabant sind 28 Städte, 700 Dörfer. 2) Das Herzogthum Luxemburg, wo die

die Hauptstadt dieses Namens. 3) Das Herzogthum Limburg, wo die Hauptstadt dieses Namens. 4) Das Herzogthum Geldern, wo der König in Preußen die Festung dieses Namens besitzt.

B. Drey Grafschaften. 1) Flandern, dessen Länge und Breite fast 20 Meilen beträgt, wo im östreicher Antheil Gent (Gandavum) Brügge, Ostende an der Nordseite mit einem Hafen, Nieuport ꝛc. Man zählt im ganzen Land 62 bemauerte und offne Städte, und 1164 Dörfer. 2) Die Grafschaft Hennegau, wo im östreichischen Antheil a) Mons oder Bergen (Montes Hannoniä) die Hauptstadt; b) die Fürstenthümer Ligne, Braine le Chateaux unter dem Name Tour und Tassis ꝛc. 3) Die Grafschaft Namur, wo die Hauptstadt dieses Namens. Der österreichische Generalguberneur ist in Brüssel.

VII. **Der westphälische Kreis** wird von dem burgundischen, von den vereinigten Niederlanden, von der Nordsee, von dem niedersächsischen, oberrheinischen und churrheinischen Kreis umgeben, und beträgt bey 1250 Quadratm. Hier sind

A. **Vier Bisthümer**, als 1) das Hochstift Lüttich (Episcopatus Leodiensis) das in Niederlanden liegt, und gegen Norden

an

an Brabant, gegen Weſten gleichfalls an Brabant, Namur und Henegau, gegen Süden an
Champagne und Luxemburg, gegen Oſten an
Limburg und Jülich grenzt, und ſich von Norden gegen Süden auf einige 20 Meilen erſtreckt,
wo Lüttich (Leodium, Legia) die Hauptſtadt,
dann Spa oder Spala, wo die berühmten
Sauerbrunnen.　2) Das Hochſtift Münſter, wo die Stadt dieſes Namens, und überhaupt 12 Städte ſind.　3) Das Bisthum
Paderborn, das unter Heſſen an der Weſer
liegt, wo die Hauptſtadt dieſes Namens, und
überhaupt 23 Städte ſind.　4) Das Hochſtift Osnabrück, wo die Hauptſtadt dieſes
Namens (Osnabruga) und im ganzen Land
4 Städte, und bei 20000 Feuerſtellen ſind.

B. Drey Herzogthümer, als 1)
das Herzogthum Jülich; 2) das Herzogthum Berg, wovon nachher Meldung geſchehen wird; 3) das Herzogthum Clebe,
dem König in Preußen angehörig; wo die
Hauptſtadt Clebe (Clivia) Weſel (Veſalia)
Tuisburg (Tuiscoburgum).

C. Vier Fürſtenthümer, als 1)
Oſtfriesland, dem König in Preußen angehörig, wo Aurich, die ehm. fürſtliche Reſidenzſtadt, Emden, eine groſſe See- und Handelsſtadt. 2) Das Fürſtenthum Minden, dem
König in Preußen angehörig, wo die Hauptſtadt

ſtadt Minden, dann Lübbeck (Lütbicke). 3) Das Fürſtenthum Mörs oder Meurs, dem König in Preußen angehörig, wo die Stadt Mörs. 4) Das Fürſtenthum Verden, an Chur-Braunſchweig-Limeburg gehörig, wo die Hauptſtadt dieſes Ramens (Phardum, Far-dium) an der Aller.

D. Sieben gefürſtete Abteyen und Stifter, worunter 4 Mannsabteyen, Benediktinerordens, und 3 gefürſtete Abtißin-nen, und unter dieſen 2 katholiſche ſind.

E. Vier und zwanzig Graf-ſchaften, wo die churbrandenburgiſchen Grafſchaften Mark, welche 17 Städte, und Ravensberg, welche 10 Städte enthält. In jener iſt Hamm (Hámmona) an der Lippe, in dieſer Bielefeld die Hauptſtadt. — Die Grafſchaften Oldenburg und Delmenhorſt, an Rußland gehörig ꝛc. ꝛc.

F. Die fünf Herrſchaften, Jever, Kniephauſen, Rheda, Anholt und Gehmen.

G. Die drey Reichsſtädte: 1) Die Stadt Cöln (Colonia Agrippina) 2) Aachen, oder Acken (Aquisgranum, Aquá, Urbs aquensis) 3) Dortmund (Tremonia).

VIII. Der niedersächsische Kreis liegt zwischen dem 51½ und 54½ nördl. Breite, grenzt gegen Norden an das zum Königreich Dänemark gehörige Herzogthum Schleswig und die Ostsee, gegen Osten an Obersachsen, gegen Süden an ebendasselbe und einen Theil des oberrheinischen Kreises, gegen Westen an Westphalen und die Nordsee. Der Flächeninhalt beträgt 1420 Quadratm.

A. Geistliche Stände sind 1) das Bisthum Hildesheim, wo die Hauptstadt dieses Namens (Hildesia, Benopolis) und überhaupt 8 Städte. 2) Das Hochstift Lübeck, wo Eutin (Utine, Utina, Ditinum) die Residenzstadt. 3) Die Fürstinn und Abtißinn zu Gandersheim im Wolfenbüttelschen.

B. Weltliche Stände sind 1) das Herzogthum Holstein, das aus den alten Landschaften Holstein, Stormarn, Dithmarsen und Wagrien besteht. Es ist an Dänemark gehörig, und enthält die Städte Glückstadt, Izehoe, ehm. Ezeho, Altona an der Elbe, nicht weit von Hamburg, Kiel (Kilia) ꝛc. und überhaupt 14 Städte. 2) Die Herzogthümer Mecklenburg-Schwerin und Mecklenburg-Strelitz, welche ihrer ganzen nördl. Seite nach an der Ostsee liegen, und gegen Osten an Pommern, gegen Süden an die Mark Brandenburg, gegen Westen an die

Für-

Fürstenthümer Lüneburg, Lauenburg, Razeburg und das Bisthum Lübeck grenzen. Der
Herzog von Mecklenburg-Schwerin besitzt den
ungleich grössern westlichen Theil, wo Schwe-
rin, an einem See gleiches Namens, des Herzogs Residenz Rostock mit einem Hafen und
Univ. ꝛc. Dem Herzog von Mecklenburg-
Strelitz gehört der kleinere östliche Theil, wo
Strelitz die Residenzstadt. Der König von
Schweden besitzt die Stadt Wismar mit einem Hafen. Ueberhaupt sind in beyden Herzogthümern, ausser Rostock, 45 grössere und
kleinere Städte. 3) Die Länder des Chur-
hauses Braunschweig-Lüneburg gehören
theils zum niedersächsischen, als die Herzogthümer Bremen und Lauenburg, die Fürstenthümer Lüneburg, Calenberg ꝛc. theils zum
westphälschen, als das Fürstenthum Verden ꝛc. und enthalten bey 700 Quadratmeilen.
Darinn befindet sich a) das Herzogthum
Bremen, das grössentheils von der Elbe
und Weser, in die sich verschiedne andere
Flüsse, als die Ost, die Schwing ꝛc. ergießen,
eingeschlossen ist; hier ist Stade, eine befe-
stigte Stadt an der Schwinge. b) Das
Herzogthum Sachsen-Lauenburg, wo Razeburg, eine feste Stadt auf einer Insel in
dem tiefen und großen razeburger See. Ein
Theil der Stadt gehört zum mecklenburg-stre-
lizischen Fürstenthum Razeburg. c) Das
Fürstenthum Lüneburg oder Zelle, das zwi-

K 2 schen

ſchen Bremen, Calenberg, Braunſchweig
und der Elbe liegt, wo Lüneburg an der
ſchiffbaren Elmen oder Ilmenau, die Hauptſtadt. d) Das Fürſtenthum Calenberg, das
durch ein Stück des Fürſtenthum Wolfenbüttel in 2 Theile abgetheilt wird; darinn iſt 1)
Hanover, die Hauptſtadt, 2) Göttingen,
3) Münden, ehm. Gemünden ꝛc. e) Das
Fürſtenthum Grubenhagen, wo Eimbeck
(ehm. Embike, Eimbeca) die Hauptſtadt an
der Ilme ꝛc. Ueberhaupt enthalten die chur-
braunſchweigiſchen Lande 65 Städte, 70 Flek-
ken ꝛc. Hier ſind ferner zu merken

a) Die herzoglich braunſchweig = wol-
fenbüttliſchen Lande, welche durch das Bisthum Hildesheim und das Fürſtenthum Hal-
berſtadt in 2 Theile abgeſondert werden; darinn iſt das Fürſtenthum Wolfenbüttel (Prin-
cipatus Guelpherbytanus), wo 1) Braunſchweig (Brunswyck, Brunſuiga, Brunſi-
cum, Tuliſſurgium) die Hauptſtadt an der
Ocker. 2) Die Stadt Wolfenbüttel (Wul-
ferbutle, Guelpherbytum, Vadum Lupi) an
der Ocker. 3) Helmſtedt (Halmſtadium).
Ueberhaupt ſind im ganzen Fürſtenthum 10
Städte, 8 Flecken, 386 Dörfer, 17 Stifter und
Klöſter. — Das Fürſtenthum Blankenburg
(Blankenburgum) das am Harz liegt, gehört
ebenfalls an Braunſchweig = Wolfenbüttel.

b) Der

b) Der Herzog von **Braunschweig-Be-
vern** besitzt im Fürstenthum Wolfenbüttel-
Bevern einen Flecken an der Westseite des
Burg- oder Worbergs, unter dem Sollinger-
wald, am Bach Bevern.

c) **Zu den preußischen oder churfürstl.
brandenburgischen Landen** gehört 1) das
Herzogthum Magdeburg (Magdeburgum)
wo die Hauptstadt dieses Namens an der Elbe
(Magadaburg, Meidburg, Jungfernburg,
Parthenopolis) an der Elbe, ferner Halle
(Hala Venedorum, Hermundurorum ꝛc.)
und überhaupt 29 Städte, 16 Flecken und
431 Dörfer. 2) Das Fürstenthum Hal-
berstadt (Halberstadium) wo die Hauptstadt
dieses Namens an der Holtemme, und überhaupt 3 sogenannte Haupt- und 10 kleinere
Städte, 103 Flecken und Dörfer.

C. **Sechs Reichsstädte,** nämlich 1)
Hamburg (Hamburgum, Hammonia) an
3 Flüssen, der Elbe, der Alster und Bille,
und 18 Meilen vom Ausfluß der ersten in die
Nordsee. 2) Lübeck (Lubecke, Lubeca oder
Lubecum) an der Trave. 3) Bremen (Bre-
ma) an der Weser. 4) Goßlar. 5) Mühlhausen. 6) Nordhausen.

IX. **Der obersächsische Kreis**
liegt zwischen dem 50 und 55° nördl. Breite.

K 3 Er

Er ist von dem fränkischen, oberrheinischen, niedersächsischen Kreis, der Ostsee, Preußsen, Pohlen, Schlesien, Lausitz und Boheim umgeben, und enthält bey 1950 Quadratmeilen. Daher gehören

1) Die chursächsischen Lande, welche aus dem heutigen Herzogthum Sachsen, dem gröften Theil des Markgrafthum Meissen, einem Theil des Vogtlandes, und der nördl. Hälfte der Landgrafschaft Thüringen bestehen, und sammt der Lausitz und dem Antheil an der gefürsteten Grafschaft Henneberg (die aber zum obersächsischen Kreise nicht gehören) bey 729 Quadratm. enthalten. Die chursächsischen Lande sind in 7 Kreise abgetheilt. a) Der Churkreis oder das Herzogthum Sachsen, wo Wittenberg (Witteberga, Lencorea) die Hauptstadt unweit der Elbe. b) Der thüringische Kreis, wo die Stadt Weissenfels (Leucopetra) ꝛc. c) Der meißnische Kreis, wo Dresden die Hauptstadt an der Elbe. d) Der leipziger Kreis, wo Leipzig (Lipsia). e) Der erzgebirgische Kreis, wo Freyberg, die Hauptbergstadt an der Mulde. f) Der vogtländische Kreis, wo Plauen an der Elster. g) Der neustädtische Kreis, wo Neustadt an der Orla. Hieher gehören die 2 secularisirten Bisthümer Merseburg und Naumburg = Zeiz.

2) Die

2) Die Mark Brandenburg, welche gegen Nord an Mecklenburg und Pommern, gegen Oſt an Pohlen, gegen Süd an Schleſien und Sachſen, gegen Weſt an Magdeburg und Lüneburg grenzt, beträgt in der Länge etliche 40, in der Br. etliche 20 Meilen. Die Mark Brandenburg wird überhaupt in die Churmark und Neumark, jene aber wird in die Altmark, Pegnitz oder Normark, in die Mittelmark und Uckermark abgetheilt; darinn ſind a) Berlin (Berolinum) an der Spree, die Hauptſtadt der geſammten königl. preußiſchen und churbrandenburgiſchen Lande. b) Potsdam (Poſtampium) eine Reſidenzſtadt. c) Brandenburg an der Havel. d) Spandau, am Einfluß der Spree in die Havel. e) Frankfurt an der Oder ꝛc. f) Des Johanniterordens Herrenmeiſterthum Sonnenburg, oder die Balley-Brandenburg, gehört zur deutſchen Zunge des Johanniterordens. g) Das Herzogthum Croſſen, wo die Stadt dieſes Namens an der Oder.

3) Die Länder der Herzogen zu Sachſen, welche meiſtentheils in der Landgrafſchaft Thüringen und der gefürſteten Grafſchaft Henneberg liegen. a) Sachſen-Weimar beſitzt das Fürſtenthum Weimar im Oſten von Erfurt, an der Sale, wo Weimar (Vinaria) des Herzogs Reſidenz; dann das Fürſt. Eiſenach, im Weſten von Erfurt, an der Werra,

K 4 wo

wo Eiſenach, und endlich die Stadt und das
Gebiet Jena an der Sale, die dem geſamm=
ten herzoglich = ſächſiſchen Haus gehört. b)
Sachſengotha beſitzt das Fürſtenthum Gotha
im Weſten von Erfurt, wo Gotha die herzogl.
Reſidenz ; dann einen großen Theil und die
Landshoheit über das ganze Fürſtenthum Al=
tenburg, das zwiſchen Meißen und Thüringen
an der Sale und Pleiße liegt. c) Sachſen=
Coburg=Saalfeld beſitzt einen Theil des Fürſt.
Coburg, das im Süd des Thüringerwaldes
liegt, und der Lage nach fränkiſch iſt, wo Co=
burg des Herzogs Reſidenz, und die Haupt=
ſtadt des Fürſtenthums; dann einen Theil des
Fürſtenthums Altenburg, wo Saalfeld an
der Sale. d) Sachſen = Meinungen beſitzt
3 Aemter im Fürſt. Coburg, nämlich Schal=
kau, Sonneberg und Neuhaus. e) Sachſen=
Hildburghauſen beſitzt gleichfalls einen Theil
vom Fürſt. Coburg, wo Hildburghauſen,
des Herzogs Reſidenz an der Werra.

4) Das Fürſtenthum Querfurt, wel=
ches aus 4 Aemtern beſteht (wovon Querfurt
und Heldrungen in Thüringen, Jüterbock und
Dahme aber zwiſchen dem Churkreis und der
Niederlauſitz liegen) gehört an Churſachſen.

5) Das Herzogthum Pommern (Po=
merania) grenzt gegen Morgen an Pomerel=
len, gegen Mittag an Pohlen, an die Neu=
mark,

mark, gegen Abend an das Herzogthum Meck=
lenburg, und gegen Nord an die Oſtſee. Es
wird in Vorpommern im Weſten der Oder,
und Hinterpommern in Oſten abgetheilt, und
begreift a) das ſchwediſche Pommern, wo
die Inſel oder das Fürſtenthum Rügen, und
darauf 5 kleine Städte, als Bergen ꝛc. dann
das Land zwiſchen Mecklenburg und der Peene,
oder das Land Stralſund ꝛc. b) Das bran=
denburgiſche Vorpommern zwiſchen der Pee=
ne und Oder, nebſt der Inſel Uſedom, zwi=
ſchen dem friſchen Haf und der Oſtſee. Es be=
greift den größten Theil des Herzogthums
Stettins, und iſt in 4 Kreiſe getheilt. c)
Das brandenburgiſche Hinterpommern,
mit der Inſel Wollin im Oſten von Uſedom.
Es begreift den kleinern Theil vom Herzog=
thum Stettin, das eigentliche Hinterpom=
mern, das ſeculariſirte Bisthum und nun=
mehrige Fürſtenthum Camin, das Herzog=
thum Kaſſuben, das Herzogthum Wenden ꝛc.
und iſt in 14 Kreiſe abgetheilt. Der größte
Fluß in Pommern iſt die Oder.

6) Das Fürſtenthum Anhalt, das ge=
gen Nord an Magdeburg und die Mark
Brandenburg, gegen Oſt und Süd an Sach=
ſen, gegen Weſt an Mansfeld und Braun=
ſchweig grenzt, 14 M. lang und 3 bis 4 breit iſt.
Die heutigen Fürſten von Anhalt theilen ſich
in 4 Linien. a) Anhalt=Deſſau, wo die
K 5　　　　Stadt

Stadt dieſes Namens an der Mulde, welche unweit der Stadt in die Elbe fällt. b) Anhalt-Bernburg, wo die Reſidenz dieſes Namens (Urſopolis). c) Anhalt = Cöthen, wo Cöthen (Cothend). d) Anhalt=Zerbſt, wo Zerbſt (Servefta).

7) Die gefürſtete Abtey Quedlinburg, welches ein kaiſ. weltliches Frauenſtift proteſtantiſcher Religion iſt.

8) Das Fürſtenthum Schwarzburg, das im Thüringen liegt, und 12 Städte, 7 Marktflecken zählet. Die Fürſten ſind in 2 Hauptlinien, a) in die ſondershauſiſche, b) in die rudelſtädtiſche getheilt.

9) Verſchiedne Reichsgrafſchaften, als a) die Grafſchaft Mansfeld, wo Churſachſen ungefähr ½, Churbrandenburg über ⅓ die Landeshoheit beſitzt. Dem Fürſten von Mansfeld, der zugleich Fürſt zu Fondi im Neapolitaniſchen iſt, gehören einige Aemter. b) Die Grafſchaft Stollberg und Wernigerode. Jene liegt in Thüringen am Harz, dieſe auf dem Harz. c) Die Herrſchaften der Grafen von Reuſſen, welche einen groſſen Theil des von ihren Vorfahrern in Beſitz gehabten Vogtlandes ausmachen. Sie theilen ſich in verſchiedne Linien ꝛc.

X. Der

X. Der fränkische Kreis (Franconia) liegt zwischen dem 49 und 51° nördl. Br. fast in der Mitte von Deutschland zwischen Thüringen und Schwaben, grenzt an den baierischen, schwäbischen, chur- und oberrheinischen, obersächsischen Kreis, und an Boheim, und beträgt im Flächeninhalt bey 484 Quadratm. Wenn man die Kreisstände in ihre 4 Bänke eintheilt, so kommen

A. Auf der geistlichen Fürstenbank 1) das Hochstift Bamberg, wo die Stadt dieses Namens (ehm. Babenberg) die Hauptstadt, und überhaupt 18 Städte und 15 Marktflecken sind. 2) Das Hochstift Würzburg, wo die Stadt dieses Namens (Wirceburgum, Herbipolis) am Mayn, und überhaupt 33 Städte und 11 Marktflecken. 3) Das Hochstift Eichstätt, wo die Stadt dieses Namens an der Altmühl. 4) Das Deutschmeisterthum Mergentheim, wo Mergentheim oder Mergenthal (Vallis Mariä Virginis) eine kleine Stadt an der Tauber die Residenz des Hoch- und Deutschmeisters ist.

B. Zur weltlichen Fürstenbank gehören 1) das Fürstenthum Culmbach oder Bayreuth, wo a) die markgräfliche Residenzstadt dieses Namens am rothen Mayn. b) Culm-

Culmbach, die ehm. Residenz am weissen Mayn. c) Erlang, unweit der Rednitz. d) Wonsiedel am Fichtelberg ꝛc. und überhaupt 18 Städte, 36 Marktflecken.

2) Das Fürstenthum Onolzbach oder Anspach, wo die fürstl. Residenzstadt dieses Namens (Onoldum) an der untern Rezat; dann Schwabach an dem Fluß gleiches Namens, und überhaupt 15 Städte, 17 Marktflecken. Die zwey Fürstenthümer Bayreuth und Anspach machen das Burggrafthum Nürnberg aus, und vom Conrad, Graf von Zollern, welcher ums Jahr 1164 Burggraf zu Nürnberg war, oder vielmehr vom Burggraf Friedrich II aus dem nämlichen zollerischen Haus stammt das heutige Haus Brandenburg ab.

3) Die gefürstete Grafschaft Henneberg, welche an Coburg, Gotha, Eisenach, Hessen und Würzburg grenzt; sie gehört an verschiedene Herren, als an das Churhaus Sachsen, die Herzoge zu Sachsen, den Landgraf zu Cassel und das Hochstift Würzburg. Die merkwürdigsten Orte sind a) Schleusingen, die ehmal. Residenz der hennebergischen Fürsten, izt der Hauptort des chursächsischen Antheils. b) Meinungen an der Werra, die Residenz des Herzogs zu Sachsen-Meinungen.

gen. c) Schmalkaden am Fuß des Thüringerwaldes, an Hessencassel gehörig.

4) Die gefürstete Grafschaft Schwar-
zenberg.

5) Die Fürsten zu Löwenstein-Wert-
heim, wo die Stadt dieses Namens, am Einfluß der Tauber in den Mayn sich befindet.

C. Zur Grafen- und Herrenbank gehören Hohenlohe, Castell, Reineck, Er-
bach, Seinsheim, Limburg ꝛc.

D. Zu der Reichsstädte Bank gehören
Nürnberg (Norimberga), Rothenburg an
der Tauber, Windsheim an der Aisch,
Schweinfurt am Mayn, und Weissenburg
am Nordgau.

Die Länder, welche in den 10 Kreisen
nicht begriffen werden, sind

1) Böhmen (Boheim, Boierheim,
Bohemia). Es liegt zwischen dem 49 und
51° nördl. Br., grenzt gegen Norden an
Meissen und Lausitz, gegen Ost an Schlesien
und Mähren, gegen Süd an Oestreich und
Baiern, und gegen West an den erzgebirgi-
schen Kreis, das Vogtland und die Oberpfalz,
und beträgt bey 900 Quadratm. Böhmen
ist,

ſſi, auſſer der Hauptſtadt Prag und dem ege-
riſchen Gebiet, in 12 Kreiſe eingetheilt. Die
merkwürdigſten Städte ſind a) Prag (Praga)
die Hauptſtadt an der Moldau.   b) Königs-
gräz an der Elbe.   c) Carlsbad (Thermä
carolinä) wo die berühmten warmen Bäder.
d) Eger am Fluß gleiches Namens ꝛc. und
überhaupt 131 Sädte, 367 Märkte, und bey
6000 Dörfer.   Der König von Böhmen iſt
der erſte weltliche Churfürſt.

2) Das Herzogthum Schleſien

(Sileſia) welches zwiſchen dem 49½ und 52°
nördl. Breite liegt, gegen Oſt an Pohlen, gegen Süd an Hungarn, gegen Weſt an Mähren und Boheim, gegen Nord an Brandenburg grenzt, und 650 Quadratm. beträgt,
wovon bey 100 dem Erzhaus Oeſtreich gehören.

A. Niederſchleſien, das größtentheils
(einige Diſtrikte vom Fürſtenthum Neyße ausgenommen) an Preußen gehört, enthält 13
Fürſtenthümer, und einige Herrſchaften, wo
1) Breslau (Uratislavia) die Hauptſtadt
an der Oder. 2) Brieg (Brega) an einem
hohen Ufer an der Oder. 3) Neyße, am
Fluß dieſes Namens. 4) Schweidnitz an
der Weſtritz. 5) Lignitz. 6) Glogau an
der Oder.

B. Ober-

B. Oberſchleſien enthält 6 Fürſtenthümer, und etliche Herrſchaften, wovon Op-
peln und Rattibor, nebſt einem Theil der
Fürſtenthümer Troppau und Jägerndorf
an Preußen, die Fürſtenthümer Teſchen aber
und Biliß nebſt den übrigen an Oeſtreich
gehören.

Ueberhaupt ſind in Schleſien 168 Städte
und bey 5000 Dörfer.

3) Die Grafſchaft Glaz liegt
zwiſchen Schleſien, Böhmen und Mähren,
enthält 9 Städte, wo Glaz an der Neyße die
Hauptſtadt, über 100 Dörfer, und itzt an
Preußen gehörig.

4) Das Markgrafthum Mäh-
ren (Moravia) liegt gegen Norden an Schleſien, gegen Oſt an Hungarn, gegen Süd an
Oeſtreich, und gegen Weſt an Boheim, und
beträgt bey 360 Quadratm. Es iſt in 5
Kreiſe abgetheilt, wo Ollmütz am Fluß
March (Morava) die Hauptſtadt, dann
Brünn ꝛc. und überhaupt 100 Städte, hundert und etliche fünfzig Marktflecken, und
über 2000 Dörfer.

5) Die

5) Die Markgrafſchaft Lauſitz, an Churſachſen gehörig, iſt von Schleſien, Böhmen, Meiſſen und Brandenburg um= geben, und beträgt 200 Quadratm. wovon 20 in der Niederlauſitz an Brandenburg ge= hören. Sie wird in die Ober= und Nieder= lauſitz eingetheilt. In jener ſind 1) Bau= zen (Budißin) die Hauptſtadt, dann Gör= litz, Zittau ꝛc.

Bai